价值重建

逆转变局中的经营困境

谢传明 / 著

西南财经大学出版社

中国·成都

图书在版编目(CIP)数据

价值重建:逆转变局中的经营困境 /谢传明著.—成都:西南
财经大学出版社,2023.11
ISBN 978-7-5504-6017-1

Ⅰ.①价… Ⅱ.①谢… Ⅲ.①企业经营管理 Ⅳ.①F272.3

中国国家版本馆 CIP 数据核字(2023)第 220598 号

价值重建:逆转变局中的经营困境

JIAZHI CHONGJIAN:NIZHUAN BIANJU ZHONG DE JINGYING KUNJING

谢传明 著

策划编辑:何春梅
责任编辑:周晓琬
责任校对:邓嘉玲
封面设计:墨创文化
责任印制:朱曼丽

出版发行	西南财经大学出版社 (四川省成都市光华村街55号)
网 址	http://cbs.swufe.edu.cn
电子邮件	bookcj@swufe.edu.cn
邮政编码	610074
电 话	028-87353785
照 排	四川胜翔数码印务设计有限公司
印 刷	四川新财印务有限公司
成品尺寸	165mm×230mm
印 张	18.5
字 数	218 千字
版 次	2023 年 11月第 1 版
印 次	2023 年 11月第 1 次印刷
书 号	ISBN 978-7-5504-6017-1
定 价	78.00 元

· 序一 ·
价值永远没有最大，只有更大

随着移动互联网的兴起，我们早已进入微商时代、视频时代。一方面，各个行业产能严重过剩，市场严重供过于求，行业内卷、企业内卷问题十分突出，已经严重影响中国企业的生存状态，很多企业因此陷入经营困局，甚至面临破产清算。另一方面，客户不断倒逼要求供应商降低成本，市场价格似乎还在走低，"地板价"屡见不鲜。加之新冠病毒感染疫情等带来的消费不旺、需求规模的减少，2022年除了新能源行业、医疗卫生行业上下产业链呈现高增长外，其他行业均呈现不同程度下行，有的行业甚至出现"腰斩"。

正如本书作者谢传明老师所指出的"当今中国企业经营的大环境面临着很大的不可预测性"，但是，又有一点是相当确定的，且是一直不变的：那就是商业的本质就是为客户创造价值。所以，真正能一直为客户提供价值、创造价值的企业始终会立于不败之地，客户价值就是"牛耳"，执牛耳者胜。企业落后、发展慢、竞争力弱的根本原因就是提供给客户的价值少，或者只是阶段性地为客户提供了价值，并没有随着竞争环境与市场环境的变化，及时进行价值重塑、重构、重建，不能再为客户创造价值了。不能与时俱进为客户提供价值的企业将在激烈的市场竞争中被淘汰下来，无法生存。

企业经营的出发原点应该是客户、是对方，从客户出发、从对方出发，只有这样才能为客户创造更大价值。客户价值也是随着时间、环境、时代的变化而不断变化的，客户的痛点与需求较之前会呈现巨大的不同，并需要进行迭代——企业需要进行价值重塑、重构、重建。市场竞争就是马太效应，消费者、客户青睐善于进行"价值重建"的企业。善于重建价值，同时擅长传递价值的这类企业往往会成为市场的王者，成为灯塔企业，成为市场的领跑者。企业不断实施变革，就是希望找到企业经营更好的生态链、更好的生态圈、更好的商业模式、更好的盈利模式。这些"链、圈、模式"如同散落的一颗颗"珍珠"。如何让如此多的珍珠成为一根值钱的"项链"？穿起这些珍珠的这根线是什么？就是客户价值。变革往往是利益的再次分配，就是不断地进行"价值重建"！

如何进行"价值重建"？谢传明老师撰写的这本书从广度、深度及多角度立体式地进行了阐述，并提供了系统方法论。今天，"价值重建"呈现出五个特征：第一，越来越需要量化客户价值。我们已经进入数字经济时代，数字经济本身也是国际战略的转型与升级，消费者、客户需要对价值进行感知，而价值是可以用数字进行度量的，不再是定性的、模糊或感性的体验。第二，客户价值需要货币化。实事求是地讲，"性价比"是非常中国式营销的术语，中国企业乐此不疲，但是，在国际市场上，客户往往对"性价比"难以理解，"请你不要给我讲你的产品或服务性价比有多么的高，请你对所提供的价值进行货币化"，货币是对价值最直接的量化与表达。第三，客户价值需要对比，比如对不同的产品或解决方案进行对比，与友商进行对比，从性能、功能、装配、运维、服务、维修，乃至投资等多角度进行对比。不怕不识货，就怕货比货，价值是比出来的。第四，客户价值需要开源与节流。一方面从开源的角度说明带来的价值，另一方面从节流的角度进行价值度量，一正一反，往往能把客户价值阐述得更透彻，客户价值实现得更充分，客户对价值认识得更清楚。第五，客户价值理论化。一家企业或商家的产品或服务，既然能给客户带来可以量化的价值，其中一定包含了一些必然，该企业一定运用了某种专业的理论、科学的方法论，为客户带来了差异化的价值。

我一直对谢传明老师撰写的这本书的最大亮点深以为然：企业应以"价值重建"的确定性对付市场环境、竞争环境及国际环境等变化的相当不确定性。企业需要进行战略规划、达标推演，企业经营者更需要高瞻远瞩，布局未来，因为未来已来。企业需要明确目标、调整结构、配置资源，以及构建能力，需要不断提升核心竞争力，从而实现可持续的高质量发展。谢传明老师撰写的这本书系统、全面地阐述了商业的本质、竞争的实质，告知企业如何去拥抱具有相当不确定性的未来，去洞见变化、重建价值、实施变革。只要企业善于对标、善于学习、善于"价值重建"，始终围绕"为客户创造价值"这一商业的本质，就能牢牢抓住企业经营的确定性，并以经营过程的确定性、以规则的确定性对抗未来的不确定性，也就能抓住未来！

刘祖轲

南方略营销管理咨询有限公司创始人

2023 年 2 月 8 日

·序二·

混沌渐开，未来已来

——助力中国企业不走弯路，穿越经营的盲区

　　老谢专程找我，说让我给他的新书写点什么。他说这是一本对当下的企业经营实践有着指导意义的书。长久以来，我从事的工作，就是让中国的企业不走弯路。因此，我与老谢的新书有很大的共鸣。

　　2007 年的那个秋天，老谢来到位于上海市桃江路 38 号的叶茂中创意产业园，成为叶茂中团队的一员。在与他共事的过程中，我能够明显地感觉到这位兄弟身上有着很丰富的实战经验与深厚的理论基础。后来熟识以后，才知道他此前已经在企业任高管多年，并在国内一流的咨询公司任过职。

　　在给客户提供服务的过程中，老谢总能以独到而专业的视角为客户提供专业服务，并不厌其烦地为客户提供各种各样的落地工具，这在策划领域是极其可贵的。

　　一晃十多年过去了。过去的十多年，是市场变化最大的十多年，也是消费者变化最大的十多年，更是营销与传播变化最大的十多年。这十多年来，就我从事的营销策划领域而言，指导中国企业营销的一些主流理论，几乎都是舶来品，且其中不乏一些半个世纪前的理论，现在依旧在中国市场大行其道。互联网重新定义了营销，有些理论已经明显与这个时代脱节，反而让企业走上了营销的弯路。

　　围绕市场环境与经营环境的变化，我的师父叶茂中推出了"冲突理论"。我本人也在 2016 年出版了《营销洞察：营销的破局点》

一书。我们其实都是希望从营销的基本点，从对消费者需求的洞察入手，给当下的市场营销、企业经营以新的指导，让中国企业不走弯路。

深感当下本土营销理论与企业经营理论的缺乏，2019 年在师父的支持下，我创办了叶茂中冲突商学院，大力推广师父的营销理论，希望在当下的市场乱象中，帮助更多的中国企业家。而作为叶茂中团队的大师兄，我更希望昔日的袍泽们也能够在推动中国企业变革和成长的道路上添砖加瓦。

老谢十年磨一剑，终于推出了他的新作《价值重建：逆转变局中的经营困境》。正如他所说，这是一本对企业经营实践有着指导意义的书。哪怕只把整个目录仔细看一遍，也能激发经营者的思考与探索。全书更是从"洞见变化、价值重建、变革实施"三个维度为当下的企业家、经理人群体指明了一条逆转变局的道路。

首先，在"洞见变化"部分，老谢以宏大的叙事视角对中国市场当下的经营环境、趋势进行了一个扫描。从消费者变化、经营要素变化、竞争变化三个角度对当下中国市场进行了解读。让读者对当前中国企业的经营环境有一个本质的了解，能够帮助中国企业家更加深刻地了解当下的经营环境。

然后，在"价值重建"部分，书中从企业方向、产业角色、商业模式三个方面帮助企业家重新梳理和选择一条适合自己的价值转型道路，帮助企业经营者在新时代、新环境中对自己的未来之路有一个更加清晰的认知。

最后，在"变革实施"部分，老谢更是从企业价值链、管理流程、组织效能、新营销组合、绩效提升五方面，提出企业内外兼修的变革路径，直接把变革与突破的工具和方法给到中国企业经营者手里。

正如老谢所言，由于外部环境的变革与巨大的不确定性，大部分中国的经营者进入了战略盲区，身处变局之中，看不清未来的方向与机会。

战略上的混沌状态，不仅会让企业浪费巨大的财力、物力，更可怕的是会错失发展的机会。中国咨询人在当下的一个重要任务，就是为中国企业家与经营者赋能，让他们能够更加清晰、有力地拥抱变化与未来。老谢的《价值重建：逆转变局中的经营困境》在这个道路上，迈出了非常重要的一步。

混沌渐开，未来已来！相信通过更多的"老谢们"以及中国企业家经理人的共同努力，中国企业、中国品牌将以更加昂扬的姿态，站上世界的舞台！

叶茂中冲突商学院院长

叶茂中大弟子

丁士安

·序三·
百年变局下，企业经营的"变"与"不变"

·百年变局下，似乎一切都变了

我们正面临百年未有之大变局，这是前所未有的机遇，也是前所未有的挑战。在改革开放的前 30 年，我们最好的商业模式就是"Me too"——欧美发达国家做什么，我们就做什么；他们是如何构建竞争力的，我们就如何构建竞争力；他们做什么创新，我们就学习做什么，新浪、搜狐、阿里巴巴、百度无不是这样成功的。

然而，当今中美的商业代差没有那么大了，所以才有了华为的"我们正在进入无人区"。同时，伴随新技术全面渗透各行各业，所有的行业都在进行数字化改革。另者，随着全面建成小康社会的实现、独生子女的长大，Z 世代的新新人类开始成为社会消费的主流，他们的价值观和消费观较他们的前辈有着翻天覆地的变化。还有，随着整体世界经济发展进入相对停滞期，各国保护主义盛行。一方面随着"一带一路"倡议的推进，中国企业开始用不一样的方式全面进入国际舞台；另一方面随着国际关系的不确定性风险增加，国际市场的拓展也将进入新时代。

综上所述，所有的决定性因素都发生了深刻的变化，似乎一切都变了。在这样的百年未有之大变局下，我们看到曾经以为的不可能变成了可能。比如元气森林的崛起，在饮料市场如此成熟的情况下，在大家都认为饮料不可能超越 5 元/瓶的市场环境中，元气森林如此之快地崛起……类似的例子有很多，因此，"所有的行业都值得重新做一遍"正逐步成为许多人的共识。

· 回归原点，什么变了，什么没变

世界变化如此之大又如此之快，以至于我们来不及思考就匆忙上路。很多的企业经营者一方面很焦虑，过往的经验和法则失灵了；一方面又在快速行动，因为不知道窗口期有多久，再不行动可能就赶不上了。于是，在这样的"战略焦虑"下，我们看到了很多的盲从者……

是时候回归企业经营的本质了。让我们思考一下，企业经营的本质是什么？答案是通过价值创造赢取利润。

而价值创造的源头是"需求"。因此，洞察需求的变化、洞察需求的变化趋势就是企业经营的真正原点，而这一点从来就没有发生过变化——100 年前是这样，50 年前也是这样，当下及未来仍然会是这样。变的只是需求本身。由于时代的不同，成长环境的差异，必然有不同的需求。正是因为有了不同的需求，就需要不同的产品、不同的商业模式……

价值创造的方式是"企业竞争力塑造的方式"——如何赢得客户的份额。数字技术等新技术全面进入各行各业，一方面大大拓展了企业的管理边界，各种跨界竞争层出不穷；另一方面全面重塑了媒体、渠道等相关生态，企业经营的要素发生了根本性的变化，价值创造的方式发生了改变。但组合各类要素以更好地塑造竞争力，使之更有效率、更优质、更便捷……这和之前一样，没有变。

抓住这两个不变，拥抱这个时代，将来一定可以走得更远、更好！

· 对企业经营与投资者的启示

作者基于自身丰富的咨询实践经验，通过敏锐的商业洞察力以及系统的思考，试图在书中抽丝剥茧，带领大家寻找破除企业经营困境的答案。尽管这个命题太宏大，以至于很难找到100%正确的答案，但相信本书仍然能给您带来触动和启发。

对于企业经营者来说，阅读本书，就是跟随作者的思路，重新洞察客户需求，重新解读客户需求，然后根据客户需求审视并更新产品与服务，并在此基础上，组合各种经营要素，赢取竞争优势。相信企业经营者能从中得到满满的收获。

对于所有的投资者来说，本书也值得看看。因为这会帮助你了解那些正在重塑行业的人的方式是否正确，是否合理，是否有成功的可能性。创业总归是一个极其艰难的事情，是一个小概率成功的事情。因为企业经营本身就是一个极其复杂的问题，如果没有足够的洞察，提供的产品与服务不能真正打动消费者；如果设计的商业模式不符合这个时代；如果内部价值组合不能更有效地为客户创造价值，那么大概率这家企业是不值得投资的。这也能很好地帮助投资人找到在这个时代最具价值潜力的标的。

综上所述，尽管这是一个极其宏大的命题，但作者以尽量翔实的案例、完整的架构、出色的思维，让所有读过此书的人都有所触动。本书不一定能立马解决你的问题——因为经营实在是太复杂，这世界还没有这样的灵丹妙药，但相信一定能给您带来启发。

上海威派格智慧水务股份有限公司

副董事长/副总经理

吴浴阳

·前言·
迎接变局，重建价值

可以确定的是，当今中国经济的大环境面临着很大的不可预测性：外部受国际局势动荡以及全球各地不确定因素的影响；内部受经济周期下行等的影响。这些大环境的不可预测性意味着企业正处在变局之中，也许有些企业经营者并没有意识到这种变局是多么的强烈！但无论如何，变局都是一项确定的事情，所以主动迎接变局是企业经营者需要积极面对的。

对大多数中国企业来说，短期的经营困难反映和加快了存量时代的到来，同时也说明这是一个新格局的起点，一个混沌始开的新时代。企业需要花费更多的精力和资源投入到存量市场的争夺中，在变局中重建价值，寻求生存之道。

但是，很多企业因为经营的惯性，又或者是因为难以跳出过往成功的束缚而陷入经营窘境，这可能会加剧企业的迷茫。试图帮助企业在变局中重建价值，正是本书诞生的初衷。撰写本书，笔者一是希望能给企业的经营者增加一些对未来的信心，这种信心不是"要你有信心"，而是引导大家通过理性思考，合理判断未来的走向，因为只有把"不确定的"转变成"确定的"，才是信心的根源；二是希望能够给经营者提供重建企业价值的战略和路径，让大家在前行的道路上掌握一些实践的方法。

这本书总体分为三个部分。首先是宏观层面的基本洞察，带领读者从消费者、经营要素、竞争者三个视角去理解现今企业经营所面临的变化；其次，从中观层面提出了经营者该如何从企业成长方向、产业角色、商业模式等方面重新梳理和选择一条适合自己的道路，也就是站在产业角度探索如何重建企业的产业价值；最后，告诉经营者如何从微观层面重建企业的价值，分别从企业价值链、流程管理、组织、营销组合、薪酬五大方面提出了对应的变革路径。本书的三个层面也可以概括为"看清远方、选择道路、变革行动"，这将帮助处于变局中的很多经营者解决目前的困惑：看不清方向、不知道往哪里转型、不知道怎么去转型。

与市场上众多经营管理类的畅销书有所不同，这本书可称之为"可实践的方法论"，这也是本书的最大特点。"方法论"① 可奠定企业经营在底层逻辑上的成功性和可复制性，"可实践"则是指经过企业和笔者检验的或者尽管笔者首次提出但企业可以尝试实施的。所以这是一本值得经营者反复阅读的书、一本值得经营者用实践去验证的书。

这本书的内容脱胎于笔者为企业家和经营者实现企业成长所做的培训和演讲，再往前追溯则应该是笔者二十多年来在企业经营实践和咨询实践中的经验总结。所以这本书的各个部分、章节的标题都是一种策略，换个角度讲，相信哪怕只阅读目录，也值得读者思索。这并非刻意的行文特征，而是笔者习惯于直接表达个人观点，这应该归因于笔者二十多年来一直在从事企业经营管理和企业咨询的相关工作。

另外，本书出现的很多案例代表的是经营者在企业管理实践中的一种"现象"或一种"探索"，现实中这些现象和探索往往会共

---

① 书中的"方法论"有两种来源：经典的管理学理论和管理实践者的总结，其中包括了笔者本人的总结。另外，这两种来源都融合了笔者自己的理解，局限性在所难免。若有错漏，请读者批评指正。

同作用，形成事实的变化，个中变化的过程恐因笔者文字功底所限而难以表述清楚，只能请读者在阅读时根据自身经验加以体会。

最后，重塑企业成长的道路是一项漫长的工程，书中的方法和模型要运用到企业经营中也是一项漫长的工程，而且语言很难覆盖思想的全部，思想也必须在实践中才能实现其现实性。另外，书中有部分方法是首次提出还未来得及在企业中实践的，欢迎读者在实践中与笔者共同探讨。

期望这本书对读者来说是开卷有益的，特别是在身处变局开端之时！

笔者能力所限，书中有不足之处，恳请广大读者批评指正。

谢传明

2023 年 3 月

目 录

第三部分　行动：变革实施的五条路径

第一部分
洞察：洞见变化的三大视角

洞见变化的三大视角

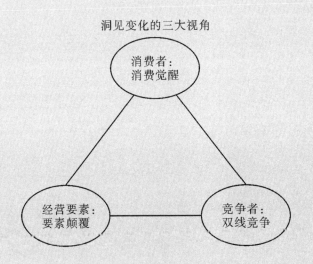

第一章

消费觉醒的时代已到来

变局时刻

某国际五金品牌具有悠久的历史，并因为很长一段时间在设计和工艺上保持着领先地位，特别是在某种设计风格上已成为行业标杆，因此其成为各销售渠道的主推品牌，也在室内设计师圈中有很大影响力。随着中国本土乃至全球五金品牌的异军突起和设计风格的差异化，以及更加灵活的市场政策，消费者需求能够更快速地被满足，该国际五金品牌的市场空间越来越受到其他品牌的挤压。

历史可以加分，但在满足消费者需求方面丝毫不能"吃老本"！摆在很多品牌或者企业面前的问题是要对未来市场策略进行新的抉择！企业需要思考：消费者是否发生了变化？随之而来的消费需求又发生了怎样的变化？我们身边正在发生哪些值得关注的消费现象？

消费者①分析是对生意可行性的基本洞察。消费者始终是企业要评估的首要经营要素，这决定生意的根本——是否能形成足够的生意规模？如何去适应或者引导消费者？如何满足消费者的需求？如何与消费者沟通？所以，了解这个时代和可见的未来，以及消费者到底呈现出什么样的消费趋势至关重要，这是对生意可行性的基本洞察。

谈到消费，很多人自然会想到马斯洛需求层次理论，这是亚伯拉罕·马斯洛于 1943 年提出的。该理论将人的需求从低到高依次分为生理需求、安全需求、社交需求、尊重需求和自我实现需求。这个理论至今依然在支撑着一些企业做消费的需求分析和传播决策，有时也在被机械地套用。

马斯洛认为：人的需求是从外部得来的满足逐渐向内在得到的满足转化；消费者低层次的需求得到满足后，产品对消费者的激励作用就会降低，而需要用更高层次的需求来激励消费者；高层次的需求比低层次的需求有更大的价值。但是，随着时代和社会的发展，我们已经可以从各种消费现象中看出这些观点的不适用性。如果我们再回头看马斯洛需求层次理论形成的其中两个假设（一是人的需求是按照重要性和秩序性排成一定的层次；二是当人的某一级需求得到最低限度满足后才会追求高一级的需求），我们就能更加理解这个理论在当今经济社会中的局限性。当然，马斯洛需求层次理论至少在对消费者的需求分类和"超额激励"上依然保持着价值。

从某种程度上说，马斯洛需求层次理论属于"物理"层面，而我们还需要考虑适应消费者的特性，包括民族性、社会性、经济性、

---

① 书中的"消费者"泛指对某类产品有需求的个体和集合；"客户"和"顾客"指企业有意愿去满足其需求的群体中已经形成服务请求或者达成交易的购买者，因习惯原因，两者在不同行业都会被使用到；"用户"指产品的最终使用者。

文化性，这些特性更趋向于"化学性"。这也是笔者在这里要重点探讨的。

　　一直以来，消费者各个层面的需求其实不是相互割裂的，不是有了自我实现需求就没有了生理需求，而是对不同需求的追求程度不同，各个需求的占比不同。可以肯定的是，各个层次的需求是同时存在的，马斯洛需求层次理论需要转变（见图1-1）。

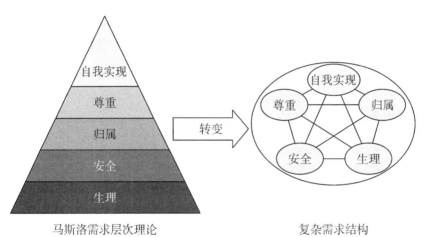

马斯洛需求层次理论　　　　　　　　　　复杂需求结构

图1-1　马斯洛需求层次理论需要转变

　　消费者在各个需求层次里，因为自我意识的觉醒，会产生与以往不同的消费行为，这也影响着企业为应对消费者不同需求层次产生不同的应对方式。只有适应了新的消费行为或者说消费趋势，才能最大限度地避免失败。

　　新的消费趋势来源于消费者自我意识的觉醒。自我意识包含两个层面：一是对自身的认识和感知，主要包括自我观念、自我知觉、自我评价、自我体验；二是对自我感知、行为等的自我监督和自我调节控制。

　　很显然，物质文明的极大丰富以及自我社会性学习行为的影响，已经唤醒了中国消费者的自我意识。而且随着中国综合国力的上升，以及媒体的大力宣传，消费者对中国文化的自我认同感也快速上升。近年来，中国本土品牌的崛起就是一个很好的例证，这也说明了自我意识的持续深入。一旦这种自我意识持续强化，消费者的重要程度就会加深。比如，我们会看到消费者日益呈现出非常明显的人文特征，这也是企业需要适应的。

综合来看，消费者自我意识已经觉醒，而由此带来的新的消费趋势主要体现在下面几个方面，而且有意思的是，很多趋势呈现出看似矛盾的特征，这也是自我觉醒向纵深发展的表现。

第一节　欲望与自我

欲望是一个中性词，只有当对欲望不加控制甚至欲望失控时，它才成为一个贬义词。《辞海》里关于欲望的解释是：想得到某种东西或达到某种目的的要求，这是由人的本性产生的。因此，满足消费者的欲望是很多企业的产品功能内核和诉求内核。

当自我意识提高，欲望自然被释放。这是一个充满欲望的时代，我们可以从各个方面看到这种表现，但同时存在着"低欲望""无欲望"的现象，而且欲望和无欲望完全可能共存于同一个人或者同一个群体，这种共存恰恰是"自我"的回归。

对社交的渴望

中国消费者在社交媒体上展现自己的强烈欲望就是自我的一种体现。对所有人来说，这都是一个可以展示自我的时代，不论年龄、不论性别，哪怕研究表明长时间使用社交媒体会间接对人的心理和生理产生伤害，很多人仍乐此不疲。无论是用来赚钱还是只是用来表达自我，各种社交媒体都为中国消费者提供了展示自己的平台。

新浪微博作为中国领先的社交媒体之一，截至 2022 年 9 月，微博月活跃用户数为 5.84 亿，同比净增约 1 100 万；2022 年 9 月的日均活跃用户数为 2.53 亿，同比净增约 500 万用户①。截至 2022 年 5 月，中国主要的短视频社交媒体——抖音主站月活跃用户数为 6.75 亿②。从这些数据看，中国 14 亿人口中大约 43% 的人都拥有自己的小型的"广播中心"。

颜值经济

雅诗兰黛前总裁发现，当美国经济不景气时，口红的销量会大增。这是因为在美国，口红是廉价商品，当经济不景气时，仍然有消费欲望的人们会倾向于购买比较廉价的商品。这也就是"口红指数"。

笔者认为，口红并不只是廉价的商品，也是颜值欲望的体现，是悦己愉人的颜值经济。

笔者选取新冠病毒感染疫情前的一组数据，2019 年 11 月（11月 1 日~30 日，一个主要的购物季），淘宝、天猫彩妆销售中，口红销售额达 11 亿元，排名第一。从图 1-2 口红各价格段的销售表现看，各个价格段都有不错的表现。50~60 元的产品销售额最多，占比 17% 以上；其次是 170~180 元的口红，占比 13.25%；320~330元、430~440 元的口红占比均超过 9%，这说明 170 元以上的中端、高端口红也表现出有力的吸引力。

---

① 数据来源于新浪微博 2022 年第三季度财报。
② 数据来源于移动互联网商业服务商——QuestMobile。

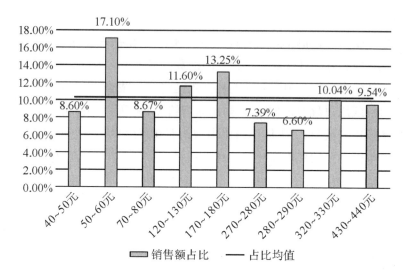

图1-2 2019年11月淘宝、天猫口红各价格段销售额占比

（资料数据来源：美业颜究院大数据服务平台）

根据欧睿数据的研究，中国的彩妆市场规模尽管仅占整个化妆品市场的11.5%，但保持高速增长。在新冠病毒感染疫情之前的2017—2019年，连续三年增速超过20%，2011—2019年的CAGR（复合年均增长率）为17.2%，而同期护肤品的CAGR仅为9.9%。在彩妆的细分品类中，2011—2019年唇部彩妆的CAGR为20.6%。2020年唇部彩妆市场规模同比下降3.8%，而2020年眼部彩妆销售额增长5.9%。这也许与疫情期间戴口罩有关。

不只是口红及其他彩妆，颜值经济的盛行随处可见：

从美图秀秀开创"美颜"功能，到社交软件和手机拍照功能标配"美颜"功能；

从江小白的"表达瓶"，到农夫山泉的"金猪瓶"；

从喜茶在"芝芝桃桃"中加入火龙果汁调色，到奈雪将杯子设计得更为修长以便女性消费者拿着产品拍照时效果更好；

从苹果的极简工业化设计，到华为的四镜头设计；

从网红餐饮店的拍照打卡现象，到购物中心的艺术化空间设计；

……

如此吸引眼球的颜值商品不仅迎合了欲望，还创造了欲望，犹如给了消费者无处安放的躁动的心一剂解药。现代社会的颜值经济如此重要，企业必须在第一触客点就吸引住顾客，或者说打动顾客，也就是说企业要把与顾客沟通的界面前移。

奢侈品消费逆势反弹

贝恩公司（Bain & Company）与意大利奢侈品行业基金会（Fondazione Altagamma）合作发布的2022年春季版奢侈品行业报告——"Luxury 2022 Spring Update"显示，在经历了历史上最严重的下滑之后，2021年全球个人奢侈品市场实现了"V"形反弹，市场总价值达到2 880亿欧元。报告估计，到2025年全球个人奢侈品市场将增长到3 600~3 800亿欧元。

从全球范围来看，2021年，中国境内市场占全球奢侈品消费总额的比重从2020年的约20%上升至21%左右。从销售额来看，因为出境游的受限，中国境内市场奢侈品销售额从2019年的2 330亿元，增至2021年的4 710亿元，两年时间翻了一番。并且贝恩公司在报告中预期，中国在2025年有望成为全球第一大奢侈品市场。

中国境内市场的强劲增长和韧性，说明奢侈品的消费有"非奢侈化"的趋势，而且中国奢侈品消费呈现年轻化趋势。贝恩公司的数据显示，2021年中国奢侈品市场主要消费人群为40岁以下，其中24岁以下的消费人群的占比增长至24.8%。预计到2025年，25岁以下的消费者将成为奢侈品消费市场的主力军，占比将达到65%~70%。

"吸猫"潮流

"吸猫"是一个网络用语，指的是宠物猫的主人对猫咪的喜爱动作，包括对猫亲、抱、嗅等行为，大约在 2016 年开始出现，并走红网络。那些宠物猫的主人因为对猫的极大热爱而被称为"猫奴"。

据业内统计，2016—2021 年我国的宠物猫数量保持 10% 左右的增长率，到 2021 年宠物猫的数量达到 5 806 万只。第一财经商业数据中心（CBNData）发布的《2018 猫粮消费洞察报告》显示，从猫粮消费者的人数以及增速情况来说，"95 后"消费者人数占据第二位，但是增长速度却位居首位，2018 年"95 后""猫奴"人数增长超过 100%，这说明"95 后"成为"猫奴"的新兴力量。从性别上看，女性"猫奴"人数是男性的 1.8 倍，不过男性"猫奴"人数也在不断增长，2018 年男性"猫奴"人数较 2017 年增长 51%。第一财经商业数据中心后续发布的《2021 宠物食品行业消费洞察报告》也显示，Z 世代①是"吸猫"主力军，该群体的猫粮消费占比和增速远超其他代际，Z 世代成为猫粮消费中坚力量。养猫群体的年轻化体现出网络"吸猫"文化的流行。

显然，"猫奴"已经成为一股不可忽视的消费者力量。第一财经商业数据中心发布的《2022 宠物健康喂养指南》中指出，我国养猫人群在 2020 年达到了 2 701 万，增幅超过 10%；养狗人群在 2020 年为 3 593 万人，下降了 2.1%。另外，从欧睿数据中我们也可以看出猫宠在整个宠物市场的重要性：2021 年单只猫的宠粮消费量和均价同比分别上升 11.23% 和 4.70%，而单只狗的宠粮消费量和均价分别只上升 2.55% 和 1.69%。

---

① Z 世代又称网络世代、互联网世代，指受到互联网、即时通信、智能手机等科技产物影响很大的一群人。

平价品牌及其基本款火爆

无印良品和优衣库，都是诞生于日本的品牌。无印良品和优衣库在日本之所以大行其道，有个很重要的原因就是质优价廉。当年日本泡沫经济破灭后，日本人告别了纸醉金迷的日子，逐渐成为一个"低欲望社会"。

管理学家大前研一写了一本《低欲望社会》来阐述日本进入"低欲望社会"的现状，他认为日本年轻人没有欲望、没有梦想、没有干劲，日本已陷入"低欲望社会"！

他认为的"低欲望社会"是指：一是年轻人不愿意背负风险，渴望安逸，不像从前那个时代的人愿意独立购屋，背负百万元的房贷。二是一方面存在少子化问题，人口持续减少、人力不足；另一方面又面临人口超高龄化的问题。三是丧失物欲、成功欲：年轻人对于"拥有物质"毫无欲望，"出人头地"的欲望也比先前降低不少。四是无论是出台货币宽松政策或进行公共投资，都无法提升消费者信心，撒再多钱也无法改善经济。

风格类似的无印良品和优衣库在中国市场则取得了完全不同的成绩。一向以高价定位的无印良品因销售放缓而多次调低商品价格，但销量情况依然不见大的改观，反观优衣库则更受青睐，以至于在日本本土银座的优衣库里都可以看到很多中国人在购物。抛开具体的产品不论，这可能与进入中国市场的初始定位有关，一直保持价平质优定位、营销得力的优衣库给中国消费者留下了持续性的平价、百搭且优质的印象。

笔者认为，中国市场平价的基本款品牌之所以能火，这一方面体现出消费者对自己的认识变得更加自信，可以很坦然地穿着平价品牌，而且不介意撞衫的可能；另一方面也反映出中国部分消费者的欲望降低，以致消费选择更加理性。有人对照日本，认为中国社会也进入了"低欲望社会"，但日本社会和中国社会的情况完全不同，日本的经济结构和中国的经济结构也完全不同。中国是一个充满活力和希望的社会，中国市场的规模之大全球也难出其右。也许有人选择"低欲望"的生活，但笔者认为，对于大部分中国消费者来说，中国市场的"低欲望"已成为一种风格或者生活方式，也是一种消费选择，因为"低欲望"也是对自我意识的展现，也是一种欲望的表现。

第二节　自我标签与被标签化

最近，"消费者画像"成为中国众多科技公司或者数字化公司的热门词汇之一。事实上，对人群画像一直是消费品公司努力开展、持续进行的工作，但笔者认为，对此不能过于执迷。我们确实需要找到顾客的共同特征，以提高公司包含营销在内的经营效率，但对顾客内心的真实需求以及对未来变化的洞察才是打造公司可持续发展力的重中之重。

不过当下，各行各业似乎对人群的画像更感兴趣。科技助推了这种需求的实现，它让顾客特征变得更加容易量化。科技的逻辑是每个顾客都可以被贴上标签，就像摆在货架的商品一样。而且我们必须承认，随着 AI 算法的进化，有时候科技可以比我们自己更准确地知道自己在一般情况下的想法。

当消费者被贴上标签后，这个标签会不断被强化给消费者，对消费者产生有力的暗示。条件反射理论的构建者——俄国生理学家和心理学家伊万·彼德罗维奇·巴甫洛夫（Ivan Petrovich Pavlov）

认为：暗示是人类最简单、最典型的条件反射。从心理机制上讲，它是一种被主观意愿肯定的假设，虽然不一定有根据，但由于主观上已肯定了它的存在，心理上便努力趋向这种假设。我们在生活中无时无刻不在接收着外界的暗示，比如各种广告对购物者心理产生的暗示作用。

另外，如果在消费者正好希望自我特征清晰化时，一旦外部标签与其具有某些重合度，则能够强化和优化这种标签属性。也就是说，标签化是自我和外部联合推动的必然结果。

标签化会促使企业生产迎合标签需求的产品，并形成有明确界线的市场，而企业要稳固市场，则需要不断强化产品的标签属性来引领特定的市场。已经形成的标签对已在其中的企业来说是一个有力的营销手段，但对新进入的企业则是一个壁垒。所以，对企业来说，一方面可以通过创造或者发掘有潜在需求的标签来建立、扩大自己的市场，或者瓦解竞争对手的市场；另一方面企业也需要注意，因不断进行自我标签和被竞争对手标签化，消费者可能已身处信息茧房，这也会给企业发展带来阻力。

信息茧房与被算法

在互联网上，你有没有感觉到你总是乐于关注某方面的信息、强烈赞同某一种观点？甚至有些时候会不自主地拒绝或者排斥不同的观点？如果出现这种现象，那么很可能你已经身处信息茧房！

信息茧房（information cocoons）是指人们关注的信息领域会习惯性地被自己的兴趣所引导，从而将自己的生活桎梏于像蚕茧一般的"茧房"中的现象。此概念是由哈佛大学法学院教授凯斯·罗伯特·桑斯坦（Cass Robert Sunstein）在其2006年出版的著作《信息乌托邦

——众人如何生产知识》中提出的。通过对互联网的考察，桑斯坦指出，在信息传播中，公众只注意自己选择的东西和使自己愉悦的信息领域，久而久之，会将自身桎梏于像蚕茧一般的"茧房"中。

这种获取信息的方式，可以追溯到 20 世纪 40 年代纽约大学教师霍普·卢宁·克拉伯（Hope Lunin Klapper）提出的有限效果论：传播的受众具有不同的特点，他们会根据自己的需要、所持的观点等对媒介的内容进行选择性的接触、吸收和解释，并不会对传播者传播的所有信息全部接受。

而互联网时代，随着纸质媒体的弱化，信息茧房现象更严重了！在互联网出现之初，麻省理工学院的传媒与科技专家尼古拉斯·尼葛洛庞帝（Nicholas Negroponte）就预言了"the Daily Me"（个人日报）——一个完全个人化的报纸的出现。在"the Daily Me"上，每个人都可以在其中挑选他喜欢的主题和看法。

桑斯坦在其著作《网络共和国》的开篇生动地描述了"个人日报"现象。在互联网时代，伴随网络技术的发达和网络信息的剧增，我们能够在海量的信息中随意选择我们关注的话题，完全可以根据自己的喜好定制报纸和杂志，每个人都可能拥有为自己量身定制的一份个人日报。这种"个人日报"式的信息选择行为会导致网络茧房的形成。当个人长期禁锢在自己所建构的信息茧房中，久而久之，个人生活会呈现出定式化、程序化的特点。长期处于过度的自主选择，会使人沉浸在个人日报的满足中，失去接触和了解不同事物的能力和机会，不知不觉间为自己制造了一个信息茧房。

如今，随着网络算法技术的发展，算法会根据消费者关注的内容，进行定制化推送，或者叫"算法喂食"，从而为消费者量身打造一份基于其阅读兴趣的"个人日报"。以前是基于自我选择而形成的自我的禁锢，现在是技术禁锢着个人。尽管算法是出于对商业价值的效率追求而实现与个体的精准联系，但这真的能精准吗？一家专注于某些内容视频的公司真的可以充分理解一位做时尚服装的顾客吗？也许在一定程度上是精准的吧！

算法事实上充当了把关人，并且是处于垄断地位的把关人。比如，短视频社交应用首先会对你发布的视频贴上标签，然后根据视频浏览者的反应进行标签匹配，从而再次对你的视频进行定义，并且把已定义的视频推送给被定义的人群。2020 年 9 月开启的淘宝首页的"产品化"改变，也是基于类似的机制，系统会计算顾客想要什么，并且把系统认为匹配的东西推荐给他。

现在企业在传播其品牌的时候，必须跨越这个把关人角色，而且必须接受系统设置的算法要素标签，而不再是之前的做法：企业可以直接向受众传递其所要表达的。由此还会催生品牌传播模仿现象，在一定程度上扼杀了品牌的个性。这会给商业带来很多不确定的结果，是机会也更是挑战！

消费者就像被标上标签上架的"商品"

消费者被贴上一定标签的例子很多，被贴标签的前提是消费者具有某种或者某些特征。因标签的可选维度太多，且商业价值出发点完全不同，所以可以有多种多样的分类。

比如，抖音中有喜欢拍摄二次元相关视频的"00 后"，喜欢拍摄旅行风景的"90 后"，喜欢拍摄亲子视频的"80 后"，喜欢拍摄美食类视频的"70 后"。而在贝恩公司与阿里巴巴联合发布的报告[①]中则将中国线上消费者分为八大主流消费人群：新锐白领、资深中

---

① 指《2019 年中国快消品线上策略人群报告》。

产、精致妈妈、小镇青年、Z世代、都市银发、小镇中老年和都市蓝领（见图1-3）。报告认为他们约占大快消平台用户数的八成，贡献九成以上的销售额。新锐白领、资深中产、精致妈妈拥有更高的渗透率，成为消费中坚力量，而小镇青年、Z世代（Gen Z）代表的年轻一代消费力提升最快（见图1-4）。

图1-3　线上消费者主流消费人群分类（2018）

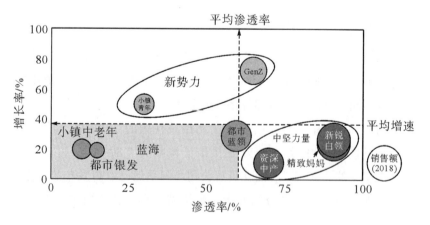

图1-4　线上消费者主流消费人群的渗透率（2018）

尽管这八大人群是基于线上消费，但依然可以作为整个消费群体的一个样本。从社会人口年龄变迁的这个大角度看，Z世代应该受到企业的关注，Z世代是模糊了地理意义，独属于互联网时代的一个群体类别。Z世代（Generation Z）意指在1995—2009年出生的人，他们又被称为M世代（多工世代，Multitasking Generation）、C世代（连结世代，Connected Generation）、网络世代（Net Generation），或是互联网世代（Internet Generation）。顾名思义，Z世代统指受互联网、即时通信、智能手机和平板电脑等科技产物影响很大的一代人。他们可以说是自小同时生活在电子虚拟世界与现实世界的第一代人。由科技发展塑造的社群关系与价值观深深影响了此世代的自我认同，他们更依赖网络搜寻而来的资讯，更接受任务导向、任务编组的工作，不拘工作场所与时间。

另外，企业需要关注"白银世代"①。中国民政部《2022年民政事业发展统计公报》显示，截至2022年年底，全国60周岁及以上老年人口28 004万人，占总人口的19.8%，其中65周岁及以上老年人口20 978万人，占总人口的14.9%。另据中国国家卫生健康委员会的预计，中国在2035年左右，60岁及以上老年人口将突破4亿人，在总人口中的占比将超过30%，进入重度老龄化阶段。

像抖音、阿里巴巴这些提供销售和推广功能的信息交互互联网平台对受众贴标签的目的除了聚集消费者，也是为了吸引商家或者投资者入驻，此时作为受众的消费者也成了有标签的"商品"。这一点与直接销售商品给消费者的企业不同。向消费者直接销售商品的企业对消费者贴标签是为了提高经营的效率，因为不同的分类代表着不同的商业逻辑和商业价值；而在互联网平台企业中，利用算法

---

① 中国新闻网：《国家卫健委：预计到2035年左右，全国60岁及以上老年人口将突破4亿》，https：//www. chinanews. com/gn/2022/09-20/9856302. shtml。

对人群进行分类，有助于入驻商家实现精准营销。

而且值得企业思考的是，深度标签化以后，企业可能实现逆向销售，以前是企业竭力促销，以后可能是消费者主动消费。典型的例子就是"粉丝经济"，"粉丝经济"一般指构建在"粉丝"和被关注者双向关系之上的经营性创收行为，比如，一些品牌通过社群运营，拥有了一些"粉丝"，或者网红达人开设店铺，自然而然拥有一些"粉丝"，等等。"粉丝经济"产生的基础其实是某些群体共同追求一定的目标，这些群体从最初的自我认同发展到被组织认同的一种经济现象。笔者不提倡"粉丝经济"，但现实中存在粉丝群体扩大化、企业助推等现象，"粉丝经济"已成为一股不可忽视的力量。企业需要以积极的态度和正确的价值观来为各种群体提供服务。

第三节　多样化与大众化

社会是由具有不同价值信念、利益追求、存在方式和生活方式的个人及组织组成的。不同的地域、知识水平、环境、经济能力等会造就不同的消费者，可以说多样化是整个市场系统的基本特征。

在物资相对匮乏的年代，我们倾向于追求满足大众需求的"大"品牌，这种共性的需求过于强大，掩盖着差异化。随着消费者的基本需求得到满足，以及市场的蓬勃发展，商品和服务变得更加丰富多样，除了知名度高的大品牌，还有更多独特的、满足消费者个性化要求的品牌诞生。

有趣的是，市场并没有仅朝着多样化的一极发展，充满共性需求的市场也蓬勃发展着，特别是那些满足基本需求的大众产品和品牌也在快速发展。多样化和大众化这两极的繁荣，本身就是一个高度发达的市场环境所具备的基本特征。多样化一方面导致了原有市场的衰退,另一方面也提供了新的增长点;而大众化为企业降低了营销成本却也加剧了竞争。

泡泡玛特(POP MART,成立于 2010 年的一家潮流玩具公司)的创始人王宁先生曾经发表过关于这种"矛盾"市场的看法:"时间、价值观与艺术性是 IP 诞生的三大要素。在当下个人时间碎片化、价值观多元化的新特性下,新一代 IP 需要占领消费者的隐形时间,基于独特的艺术形式满足消费者个性化的价值追求。新一代消费者的购买行为更多是悦己性的、感性的,而当下的消费企业需要解决的核心问题正是普遍性与独特性的博弈。"诚如他所言,泡泡玛特等潮玩品牌努力寻求规模化的现象本身也体现了独特性和普遍性的矛盾。

小众变大众

近年来,越来越多的小众爱好、小众服饰等日益变得大众化起来。其中,古风服饰和洛丽塔(Lolita)风格服饰的流行就是典型的例子。

受古装剧、国潮文化兴起等外部因素的推动,以及年轻人对个性表达的追求,近年古风服饰盛行,汉服是最热门的选择之一。天猫《2018 汉服消费人群报告》显示,2018 年购买汉服的人数同比增长 92%,汉服市场的总体消费人数已超 200 万,到 2019 年,已购汉服人数达 1 800 万①。小众服饰的消费者有较强的身份认同感和归属感,数据显示,2019 年全球汉服文化社团高达 2 000 多家,相比

---

① 第一财经商业数据中心 X 天猫服饰:《2020 年汉服消费趋势洞察报告》,2021。

2017 年的 1 300 多家，两年间增长达 46%。从销售规模来看，2015—2020 年，中国汉服市场销售规模由 2015 年的 1.9 亿元激增到 2020 年的 63.6 亿元①。

小众的古风服饰需求高速增长，已成为 Z 世代新潮。日常街头经常能看见身着古风服饰的 Z 世代，古风服装大有日常化的趋势。同样是小众风格的洛丽塔风格的时装则是一种次文化，源自引入欧洲宫廷裙的日本②，是一种舶来文化。如今在中国街头已经能看到穿洛丽塔的年轻人。"洛丽塔们"追求的是一种衣着态度。古风服饰和洛丽塔服饰的盛行，也反映出消费者消费需求的多样化，随着思想的解放、经济水平的提高，以及消费主力的更迭，未来的消费者会更坚持自己的消费主张，舍得为自己的审美和爱好买单。

小众服饰用户群整体年轻、垂直、圈子化，曾经的中性风也是这样。受 2005 届超级女声的影响，年轻人第一次知道了中性风，中性风也逐渐在年轻群体中流行起来。

到现在，中性风已经在服饰业流行十多年之久，甚至逐渐演变为一种去性别化的产品。如今去性别化已经成为很重要的产品品类和风格。除了受潮流和情侣消费的影响，审美需求觉醒的男性以及认同男女同权的女性都促进了中性风产品的消费，甚至可以说，未来去性别化的消费更多体现的将是一种对无差异化需求的消费。消费者旨在通过对这种无差异化设计的消费来表达自己的态度，体现审美追求、表达男女同权的主张。

淘宝网的数据显示，女性越来越酷，男性越来越精致。2019 年以来，女性购买西装的人数比率已大幅超越男性，而男性对于透视装、蕾丝等词汇的搜索量也有较大增幅。在女装搜索关键词中，"宽

---

① 艾媒数据中心：《2021 中国汉服产业现状及消费行为数据研究报告》，2021。
② 比较普遍的看法是，第一间洛丽塔服饰店在 1976 年出现于日本。

松"成为了常见词；男装搜索的常见词则为"潮"。①

我们探究一下，无论是小众服饰还是无性别服饰，其背后都有一些共同特征：SKU 宽度②变小，单一 SKU 容易起量；设计迭代的压力更小或者同一设计可以服务更广泛的人群。这不正是企业主动在多样化中寻求共性，从而为形成无差异化而努力吗？这与越来越多的年轻人追求小众产品的现象形成共振，令小众变大众成为可能。

"千人千面"与爆款理念

"千人千面"是淘宝在 2013 年提出的排名算法，淘宝是如此定义的：依托淘宝网巨大的数据库，构建出买家的爱好模型，从而实现定向推行。它能从细分类目中抓取那些特征与买家爱好相匹配的推广宝物，展示在目标客户阅读的网页上，以确定潜在买家，完成精准营销。

对于买家的直观感受就是，当打开淘宝的时候会发现面上呈现的是曾经浏览过的商品以及大量相似产品，而另外一个人打开的淘宝页面是与之完全不同的。淘宝试图理解每个用户，而且认为每个用户都是不一样的。这和以往的爆款理念有很大的区别，爆款理念更像是通过向所有人无差别地推荐某款产品（可以类比为"千人一面"）从而促使其形成爆款。

像淘宝这类电商平台，针对不同用户进行个性化推荐的本质是将当前最有可能成交的产品优先推荐给用户，使流量更为有效，以最大限度地提高转化效率。推荐技术也会随着用户个人数据的不断

---

① 读者可参阅淘宝《2019 中国时尚趋势报告》。

② SKU：Stock Keeping Unit（最小存货单位），即为库存计量和控制的最小可用单位；宽度指类别的数量。

丰富而不断升级，从最初的爆款，即"千人一面"，演化到"千人千面"。

追求无差异化的"千人一面"（爆款）的核心逻辑是物以类聚，算法会推荐和当前商品相似或关联度高的产品，也就是说每个人搜索相同物品时看到的商品推荐基本上是一样的。

追求多样性的"千人千面"的核心逻辑是精准匹配，算法根据用户基础信息、行为数据、搜索关键词、浏览记录、购买记录等数据进行分类和推荐，从而实现精准营销。也就是说每个人看到的商品推荐是完全不一样的，是基于消费者个体进行的推荐。

但我们依然要看到的是，无论是网络平台还是线下场景，当面对一个未知的个体时，企业要对其进行个性匹配，也就是尝试将未知个体与现有的分类特征进行匹配。比如，广告主打算在社交媒体投放广告，有一种投放就是选择相似的"大V"账号进行投放。这说明无论是企业还是平台，都试图在差异中寻找共性。在这一点上，似乎"我和谁很像"的重要性超过了"我是谁"。这种逻辑在各个电商平台和社交平台均有应用，此时，"千人千面"和爆款的价值是同时存在的。

第四节　消费者的多重身份性

消费者已经不再是单纯的消费者，消费者已经以各种形式参与到企业的经营中了，他们既是消费者，也是参与者。最早对这种混合角色的称呼和定义应该是"产销者"，来自未来学家阿尔文·托夫勒（Alvin Toffler）在1980年出版的一本书——《第三次浪潮》。阿尔文·托夫勒认为，未来的很多人，他们既是"生产者"，同时又是

"消费者"。如今，这已经不是未来，而是现在，而且不再局限于"生产"这个参与的职能，而是可以根据需要和产业差异，成为企业的一部分。

社交电商

说到社交电商，就不得不提到微商。翻翻微信朋友圈，你总能看到有人在朋友圈推荐各种东西，同时还有更多的充满理想的待业人员想要加入这个队伍。伴随着移动社交软件如 QQ、微信等的快速发展，个人代购和微商以近乎疯狂的速度发展！他们通过在微信群、朋友圈、QQ 群、QQ 空间等社交平台上发布商品信息，配上吸引眼球的文案、图片、视频来扩大自己的客户群，赚取收益。

那是社交电商发展的早期阶段、一个会员制社交电商的分销模式和传销模式界限模糊的时代，但让我们看到了一个具有强大的带货能力和分销能力的群体。随着行业的逐渐发展，各方面对合规化的需求提高，各个会员制社交电商平台在门槛和奖励机制等方面都进行了修正，例如降低激励层级、提高带货和管理能力，逐步摆脱与传销的关系。

2016 年，商务部、中央网信办、发改委联合发布的"电子商务十三五规划"明确鼓励社交电商发展，2017 年出台的《微商行业规范》（征求意见稿），开始研究、规范微信等社交网络营销行为，研究社交电商等新型业态的发展变化，有针对性地提出监管的措施和办法。随着一批法规的实施，微商涉嫌传销等问题基本解决，社交电商迎来新生。中国社交电商（含微商市场）发展历程见图 1-5。

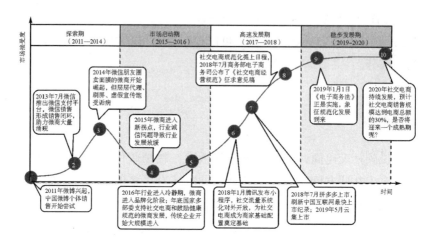

图1-5 中国社交电商（含微商）市场发展历程

（资料来源：数字一百DATA100）

从社交电商从业规模来看，越来越多的人参与到社交电商队伍中来（见图1-6）。2020年社交电商从业人员超过7 000万[①]，消费者数量逼近7亿，社交电商行业的参与者已经覆盖了社交网络的每一个领域。2020年社交电商整体规模达3.7万亿元（见图1-7）。

---

① 中国互联网协会社交电商工作组 & 创奇社交电商研究中心：《2021中国社交电商行业发展报告：重点企业研究报告》，2021.

图1-6 中国社交电商从业人员规模

（资料来源：创奇社交电商研究中心）

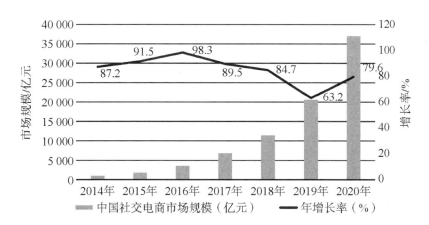

图1-7 中国社交电商市场规模

（资料来源：创奇社交电商研究中心）

社交电商是基于社交将流量通过电商变现的一种商业模式，相较于传统电商，社交电商具有发现式购买、去中心化流量、社交裂变等特征。那些曾经十分泛滥的微商，其实是利用了社交电商的社交裂变特性，其盈利逻辑还是利用人为制造的信息差及其产生的渠道分销价差。而真正意义上的社交电商应该是消费者通过社交参与到企业经营过程中，且在这个过程中贡献自己的力量，并由此获得回报，比如获得佣金或者以更低价格购买商品的权利。企业方的盈利是来自向消费者提供产品而开展供应链管理的服务费用，且不同模式下对供应链管理的侧重也有所不同。比如，B2C（Business to Customer）模式注重对卖家产品价格和质量的把控，拼购类以拼多多为代表，会员类以云集为代表；S2B2C（Supply to Business to Customer，集成供应商赋能经销商）模式注意对平台产品供应链效率的把控、产品的品控以及自营产品的打造，内容类以小红书为代表，O2O（Ooline to Online）类以考拉精选为代表；还有跟随行业发展起来的服务产业，包括电商类 SaaS（Software as a Service，软件即服务）服务、培训服务等，更注意服务环节。

更广义来讲，社交电商是对电商的社交化。消费者的关注、分享、沟通、讨论、互动、评价等社交化行为会融入到电子商务业务开展的过程中，成为业务的一部分。相比于传统电商，社交电商的去中心化特点符合未来社会的发展趋势，而且依托社交平台及熟人网络进行裂变式传播的方式能有效降低获客成本。

社交电商中消费者参与最多的职能是传播，这是消费者使用社交媒体而自然产生的传播优势：一是社交媒体自带传播效应，可以促进商品购买信息、使用体验信息等在强社交关系群中传递，对用户来说信息由熟人提供，可信度高，从而提高了购买转化率；二是社交媒体覆盖人群更为全面，对传统媒体和传统电商形成了很好的用户群体补充，特别是在用户时间占领方面有突出的作用。

社交电商是消费者参与业务过程的一个典范，随着社交流量与电商交易的融合程度不断深入，社交电商占网络购物市场的比例也不断增加，由 2015 年的 0.1% 增加到 2020 年的 31%[①]。

在这个高速发展的过程中，企业要通过社交工具的应用以及与社交媒体、社交网络的合作，来辅助完成营销推广和商品的最终销售。同时，还要关注两个核心点：

一是重构商品的利润分配。消费者可以因他（她）所承担的推广职能获得相应的"利润"，但这种"利润"绝对不是传销式微商那样的高分成方式，因为信息时代带来的扁平化将使这种模式不可持续，哪怕是高利润的化妆品行业也是一样的。

二是关注"去中心化"形成的小中心——KOC[②]。记住，没有绝对的去中心化，不要被商业概念蒙蔽了双眼。KOC 对产品信息的评论往往更能够体现普通用户的看法，进而影响用户的最终决策。因为 KOC 的真实感以及其与普通用户的平等感，对垂直用户群体具有较大的影响力。所以，领域内的 KOC 是企业营销推广的一个经济选项。

C2M 模式是终点吗

Customer to Manufacturer，简称 C2M，基本定义是消费者直连制造商，但各个企业对此有自己的理解，比如将其定义为"反向定制""从消费者到制造商"等。但这些定义背后都有两个基本点：消费者在产品的制造过程中提供了意见，或者说参与了产品的研发；制造商按照消费者需求生产产品，包括生产"什么"和生产"多少"。

[①] 商务部，《中国电子商务报告（2020）》，2021.
[②] "Key Opinion Consumer"，即关键意见消费者，也称为消费者意见领袖，其对某类产品有深度鉴赏能力，可以影响自己的朋友、粉丝，并使其产生消费行为。

在淘宝网诞生的早期，对淘宝网上的卖家来说，最佳的方式是先把产品图片上架，当顾客下单后，卖家再跑去批发市场拿货。对卖家来说，可以用"预售"和"集合订单"两个词来概括这种商业模式，尽管那个时候没有诞生这两个词，也正是这两个词帮助最早的淘宝卖家淘到第一桶金。毫无疑问，如果把"商业模式"的外衣拿掉，C2M 在淘宝网诞生的初期就已经存在了，尽管那个时候还没法将消费者直接连接到生产端，但已经在努力实现消费者和供应端的匹配，并且消费者参与了商品决策。所以说，C2M 更应该是企业的初衷。

自 2013 年淘宝推出"1688"开始，C2M 行业共经历了两个阶段：

第一个阶段是 2013—2017 年的初步发展期，行业存在全产业链整合能力壁垒，平台型企业在互联网、大数据、人工智能以及生产线的自动化、定制化、节能化、柔性化等内外部条件与设施等方面也还处于建设积累阶段，所以这期间 C2M 行业发展较为缓慢；

第二个阶段是 2018 年以后的加速发展期，随着大数据技术的发展，以及消费升级带来的消费者需求个性化、多样化，C2M 成为零售业发展的重要趋势，众多零售企业与互联网企业入场，C2M 行业进入了加速发展阶段。

C2M 发展的几件标志性事件：

2018 年年底，拼多多推出"新品牌计划"。截至 2019 年 9 月 10 日，参与拼多多"新品牌计划"的正式成员达 85 家，超过 800 家知名品牌企业参与 C2M 定制化生产，累计推出了 1 800 款定制化产品，订单量超过 7 000 万单。2020 年 10 月 22 日，拼多多在上海宣布全面升级"新品牌计划"，提出 2021—2025 年扶持 100 个产业带，订制10 万款新品牌产品，带动 1 万亿元销售额。

早在 2015 年，阿里巴巴就通过旗下聚划算平台开启 C2M 战略，聚划算、天天特卖与阿里云共同打造了 C2M 数字智造系统，阿里巴巴集合淘系、阿里云、菜鸟、蚂蚁金服等全经济体的生态资源，上线聚划算"厂销通"，帮助中小企业以更低成本实现数字化转型。

2020 年上线的淘宝特价版，推出"超级工厂计划"：计划三年帮助 1 000 个产业带工厂升级为产值过亿的"超级工厂"，为产业带企业创造 100 亿笔新订单，在全国范围内重点打造 10 个产值过百亿的数字化产业带集群。

头部企业认为 2020 年是 C2M 扩张发展元年，笔者也认可这个观点。这对从企业到消费者的整条产业链有着重连再造的重要意义，很多产品领域已触发新一轮格局的洗牌，特别是比较容易标准化的产品领域。在 C2M 模式带来的新兴产业分工下，制造商负责产品，平台负责品牌和供应链，流通和营销环节被再一次集中，产业职能分工将不可避免地发生转移。

本章精要总结

关键词：欲望；标签化；多样化；无差异化；消费者多重身份

回归新时代的消费者！

要清楚界定新时代的消费者，有赖于强大的洞察能力！这很难！但笔者还是尝试从纷纷扰扰的现象中找到一些特征：欲望爆炸与无欲望、自我标签与被标签化、多样化与无差异化、消费者与参与者……这些特征的重要价值不在于帮助我们厘清消费者类型，而在于引导企业重新审视自己的顾客。（需要说明一下，尽管这是从消费者出发的一个洞察过程，但一些思路依然适用于 2B[1] 的企业，因为 2B 型企业最终是为消费者服务的。）

　　隔一段时间（以前可能是 10 年，如今可能是 3 年），企业就需要重新审视一下消费者和自己的顾客，审视发生了哪些根本的变化！重点不是关注诸如"Z 世代"等名词，而应该重点关注"Z 世代"等消费群体经过新环境的洗礼已经成为劳动市场和消费市场的主力！特别要提的是：这个过程比结果更重要！

---

① 指面向企业或者团体组织的业务模式。

第二章
要素颠覆

变局时刻

某男装企业的门店遍布全中国2线到7线城市①，但很多门店的经营越发困难。该企业曾经凭借一批勇敢而团结的开拓者、企业老板大胆的资金支持和大众媒体的广告，在品牌匮乏和信息相对闭塞的各个城镇市场风生水起。如今，过去成功的要素所能发挥的效率越来越低，甚至成为拖累。

经营者需要思考：企业经营的要素发生了什么变化？过去成功的要素还有没有持续的价值？企业需要把什么要素当作必须要掌控的？当下是不是重新发掘和驾驭新要素的时候？

企业的经营是通过对一切要素进行组合，并由此创造出一定的产品（含服务产品）来满足顾客需求。就好比把相关的物质混合到

---

① 很多国内的鞋服品牌依据经济总量、人均生产总值、行政级别、区域辐射力等因素把中国城市级别划分为1~7线，通常大部分的县城被划分为7线城市。

一起，使之发生物理或者化学变化，生成新的物质。如果要获得新的物质，必须令使用的物质发生巨大的变化，并且不能按照以前的方式来进行，所以你不得不重新调整混合方式。

在今天，企业的经营要素和以往相比，已经有了很大不同，甚至是完全不同，即使是和十年前、五年前相比，也能看到明显的不同。除了传统的土地要素外，信息科学技术日益发展改变了生活和生产方式，具备超级知识的人力产生的价值呈几何倍数增长，资本利用强大的权力左右着产业的发展方向、速度和竞争格局，传播媒介和顾客之间建立的垄断性比以往任何时候都强，而渠道则不断展现出在分散和迁移间循环的特点。理解科技、人力、资本、传播媒介、渠道等要素的变化对企业至关重要，这是企业经营的基石。

第一节　科技改变世界

2022 年 11 月底上线的 ChatGPT（Chat Generative Pre-trained Transformer）自上线起就引发了全球关注，这款人工智能聊天机器人程序，也就是"聊天生成预训练转换器"，它能够通过学习和理解人类的语言来进行对话交流，甚至能完成文案撰写、文学创作、论文撰写、翻译、代码编写、程序调试等任务[1]。于是也由此引发了大量有关 ChatGPT 商业价值、人类岗位被替代、道德风险等方面的探讨。也许 ChatGPT 的影响在很多行业和企业并不能立刻看到影响，但显然，科技的进步正在改变着很多行业和企业，并且这种改变是无比深刻的。

---

[1] 网易：《"ChatGPT"会不正常吗？欧盟欲设制度规范其使用》，（2023-02-06）. https://www.163.com/dy/article/HSTIVQTT0514EGPO.html。

四次工业革命到底在变革什么

众所周知，历史上经历过三次工业革命，有时候也被称为技术革命，同时我们需要看到，技术革命更是连接的革命。每次连接革命都是对时间和空间的突破！（见图2-1）

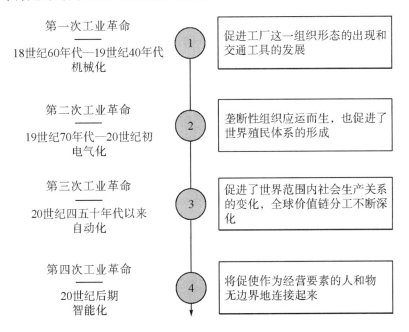

第一次工业革命
——
18世纪60年代—19世纪40年代
机械化

① 促进工厂这一组织形态的出现和交通工具的发展

第二次工业革命
——
19世纪70年代—20世纪初
电气化

② 垄断性组织应运而生，也促进了世界殖民体系的形成

第三次工业革命
——
20世纪四五十年代以来
自动化

③ 促进了世界范围内社会生产关系的变化，全球价值链分工不断深化

第四次工业革命
——
20世纪后期
智能化

④ 将促使作为经营要素的人和物无边界地连接起来

图 2-1　工业革命促进连接革命

第一次工业革命开创了以机器代替手工劳动的时代。当机器生产取代手工操作时，传统的手工业无法适应机器生产的需要，为了更好地进行生产管理，并提高效率，资本家开始建造厂房、安装机器、雇佣工人集中生产，这样，一种新型的生产组织形式——工厂出现了。同时因为机器生产的发展，也促进了交通运输业的革新，

为了快捷便利地运送货物、原料，人们想方设法地改造交通工具。无论是组织形态的变化还是交通工具的发展，都使得人与人之间的连接发生了变化。

第二次工业革命让人类社会进入电气时代。第二次工业革命突破了第一次工业革命时期来源于工匠实践的技术发明，实现了自然科学与技术的结合，发电机、内燃机、电话机的出现成为标志性事件。这次工业革命让生产的社会化程度大大加深，垄断性组织应运而生，也促进了世界殖民体系的形成，殖民体系让世界逐渐成为一个整体。毫无疑问，这促成了人与人之间连接的又一次飞跃！

第三次工业革命最能称为科技革命，科学理论实现重大突破，出现大量高新技术：原子能技术、航天技术、电子计算机技术、人工合成材料、分子生物学和遗传工程等。学科之间的联系密切，相互渗透。同时，第三次工业革命也加大了世界范围的贫富差距，促进了世界范围内社会生产关系的变化，全球价值链分工不断深化。

科技专家和社会学专家普遍认为，在20世纪后期，人类已经进入第四次工业革命，这次工业革命是又一次的全新技术革命，人类将逐渐进入智能化时代。典型的技术突破口有人工智能、石墨烯、基因工程、虚拟现实、量子信息技术、可控核聚变、清洁能源以及生物技术等。第四次工业革命的发生是基于网络物理系统的出现。网络物理系统将通信的数字技术与软件、传感器以及纳米技术相结合。与此同时，生物、物理和数字技术的融合将改变我们今天所认知的世界。这次革命将让作为经营要素的人和物无边界地连接起来，而且企业和消费者之间也将跨越界限，实现所有要素的参与其中，最终为"我"所用。

退出历史舞台的绿皮火车

我们每个人都身处科技革新中，这场连接的革命改变着我们的行为，改变着我们的需求，进而影响着围绕我们的各行各业！比如那些我们已经习以为常的交通和通信，其发展也促使了某些事物的诞生和消逝。

从笔者大学入学开始，乘坐绿皮火车便成为笔者每年四次的深刻体验。绿皮火车的速度如蜗牛一般，一路上走走停停。当碰上高峰期，车上的环境更是让现代人无法容忍：脏乱的车厢，臭气熏天的厕所，夏天酷热难耐，冬天透心凉，遇上春运，上车得爬窗进火车，头顶的行李架和座位底下都躺着旅客。

绿皮火车上就餐不方便，很多便宜而方便的食品，如方便面、火腿肠、袋装榨菜等开始受到人们的欢迎，并蓬勃发展。方便食品的巨大需求，也促使厂家飞速创新和扩张。典型例子是"康师傅方便面"，其在 1992 年 8 月正式上市，1993 年初碗装版方便面（简称碗面）上市，到 1994 年 9 月"康师傅方便面"制造商——天津顶益公司制面一厂的碗面线增至 8 条。

购票过程也非常艰难：旅客为了买火车票，需要提前很多天排队买票，春运期间排通宵买票是家常便饭。

绿皮火车的各种情况真正得到改观是在 2007 年 4 月 18 日零时，那是中国铁路第六次大提速正式开始，除原有的大部分列车提高速度外，还新增了"D"字头的动车组。随着普通动车组和高铁车组的数量逐渐增多，很多职场人士出差时有了更多的选择，因为高铁在很多时候已经可以优于坐飞机的总时间，而且乘坐感受不亚于飞机。如今，旅客可以通过 APP 在线预订火车票、预订酒店、预订接送车辆，动车高铁旅客可以提前订餐，甚至可以在下一站到达前预订外卖，一切都可以安排得井井有条！

随着新型空调车和动车组先后投入使用，绿皮车逐渐退出运输主力，只有在春运或暑运的客流高峰期间，铁路部门才会开启一部分绿皮车作为临客列车，还有就是一些特殊的地区还运行着这些绿皮车。很显然，原先依附绿皮车的很多生意已经发生了变化，即使同样是绿皮车，因为环境的改变，也成了充满文艺气息的独特景观了，绿皮车的价值属性已经不单单是交通工具了。

如果说火车等交通工具是从空间角度改变了时间，那么即时通信就是从时间角度逾越了空间。

20 世纪 90 年代，使用最为普遍的一种上网方式是拨号上网。用户需要有一台个人电脑、一个外置或内置的调制解调器（Modem）和一根电话线，再向本地 ISP（Internet Service Provider，互联网服务提供商）供应商申请自己的账号，或购买上网卡，拥有自己的用户名和密码后，通过拨打 ISP 的接入号连接到互联网上。

同期还诞生和繁荣过一个寻呼机市场（寻呼机也叫 BB 机、BP 机）。无线寻呼系统中的被叫用户接收机，由超外差接收机、解码器、控制器和显示器等部分组成。它从基站发射的寻呼信号和干扰中选择出所需接收的有用信号，再恢复成原来寻呼本机的基带信号，并产生音响（或振动）和显示数字（或字母、汉字）消息。也就是说如果 A 需要找 B，这时 B 不在 A 身边，就给传呼台打电话，说"速回电话"之类的，传呼台把这个信息发到 B 的寻呼机上，B 看到后，便通过公共电话之类的给 A 回电话。

BP 机作为第一代的即时通信工具，1983 年诞生于中国市场，此后繁荣了 6 年，到 1990 年开始下滑，用户开始减少，直至 2005 年彻底退出历史舞台。BP 机的消失源于 1993 年手机的出现，手机短信息在某种程度上成了无线寻呼的替代者，并且手机通话可以实现实时沟通，更加经济、便捷。如今，手机功能强大，它不仅可以打电话、发短信，还可以上网，像电脑一样处理文件，甚至像照相机一样拍照、录视频。2020 年 11 月，华为发布的 HUAWEI P40 Pro+的其中一个后置摄像头达到 5 000 万像素，是 2000 年全球第一款内置摄像头的手机——夏普 J–SH04 的 455 倍。

除了手机，更多即时通信工具成为我们的生活必需品：微信、QQ，还有曾经活跃在中国的 MSN，以及更多社交平台都实现了即时通信功能。

这与网络的快速更新换代紧密相连，5G（第五代通信网络）已经在 2020 年开始商业化部署，理论传输速度可以达到 10Gbps（而 4G 网络的传输速度只是 150Mbps），1 部超高清电影，1 秒就可以下载完成。

试想，当连接趋近于无限"即时"时，生产、销售、推广都将被颠覆。柔性制造、智能制造、直播、新媒体推广等，这一切都是未来的预演！

华为出售荣耀的底层逻辑

2020 年 11 月 17 日，华为发布声明：艰难时刻，为让荣耀渠道和供应商得以延续，决定整体出售荣耀业务资产。众所周知，这是华为被美国限制获取芯片制造能力的结果。这是华为在产业技术要素不可持续获得、业务承受巨大压力的艰难时刻。荣耀是面向年轻人的手机品牌，诞生于 2013 年，七年间发展成为年出货量超七千万部的手机品牌，如此出色的品牌因为技术限制而被出售。

这让笔者想起曾经作为顾问参与创造的另一个手机品牌——朵

唯。朵唯的品牌拥有方具有有效的销售渠道和优秀的销售能力，也有一个谦逊、积极的老板带领的充满活力的团队。在进行品牌定位期间，笔者特意从营销角度与老板进行了一次战略交流，分享了一个观点——"手机市场是一个技术驱动的市场"，期望对方能理解他真正应该在产业中担当什么角色，尽管这并不在那次合作的范畴。很是遗憾，朵唯终究还是掉队了。

荣耀和朵唯两个完全不同背景和能力的品牌都没有逃脱技术的掣肘，甚至被致命痛击。科技对技术型产品的直接影响是产品，或者说是生意的根本。而放眼整个企业界，科技对企业的影响不仅是创造出新的东西或者更高的效率，更是对时间和空间上的突破，以及这种突破所带来的即时感的实现，对企业来说，对经营模式进行革新是应对这种技术革新的必然手段。有时候这两种革新是缓慢的，有时候这两种革新又是突变式的。比如密集分销策略的黯淡、一街多店策略的失灵、电商的繁荣、直播的风潮等，都是科技的产物。

当科技对企业和消费者之间的连接方式以及对消费需求产生重大影响时，企业必须重建整个价值链，这当然包括企业重建自己给市场带来的价值。

第二节　人力和知识的迭代

由于工作关系，笔者可以接触到非常多的优秀的年轻人，这些年轻人拥有丰富的知识和技能，还有更早的人生规划。实际上，人力和知识的迭代正在发生，而且有些领域已经完成。

从社会人口年龄变迁的这个大的角度看，促成人力和知识迭代的发生应该归功于上辈人对年轻一代的教化，以及无处不在的连接。

前者让新一代突破了代际，后者穿透了时间和地理，最终让新一代
年轻人的力量强大起来。新一代已经成长起来，成为企业的参与者
和消费者，并最终通过人力和知识的迭代让企业的经营发生迭代。

后浪的力量

2021 年 10 月 20 日，胡润百富发布《2021 胡润 U30 中国创业领
袖》榜单，共有来自十大行业 226 家企业的 241 位青年荣登榜单，
他们平均年龄为 28 岁，企业平均成立了 2.4 年，平均拥有 95 名员
工。平均融资到 A 轮，平均累计融资 4 100 万元。从行业分布来看，
企业科技、文娱传媒和教育成为中国 30 岁以下创业领袖的前三大财
富来源（见图 2-2）。

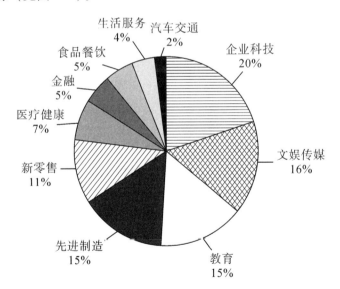

图 2-2　2021 胡润 U30 创业领袖行业分布

另据中国青年创业就业基金会发布的《中国青年创业发展报告（2021）》，以 2015 年为基期，2015—2020 年中国青年创业发展指数[①]由 100 升至 167.5，其中企业家精神指数由 100 升至 146.0，创业结果指数由 100 升至 279.7。

更为重要的是，新一代的人即将成为最大的消费群体。根据研究机构 Deep Focus 的《卡桑德拉报告》及 IBM（International Business Machines Corporation，国际商业机器公司）的调查，在美国市场，Z 世代大约拥有 2 000 亿美元的直接购买力以及 1 万亿美元的非直接购买力。据数据服务商 TalkingData 的《2021 新消费人群报告》的数据，从人口规模来看，中国 Z 世代人群数量为 2.33 亿，仅次于 Y 世代人群数量的 3.15 亿，Z 世代年消费规模为 4.94 万亿元，尽管低于 Y 世代的消费规模（6.68 万亿元），但已经开始在某些领域引领着消费趋势的变化。

人才教育的提升

青年企业家或者创业者只是全体青年的一部分力量，全体青年人才作为完整的企业经营要素之一，完成了整个时期的人才和知识的迭代！这个功劳要首先归功于我们的教育发展。

中国教育部发布的数据显示，到 2021 年，全国各类高等教育在学总规模达 4 430 万人，是 2000 年的 3.6 倍，高等教育毛入学率 57.8%（见表 2-1），是 2000 年的 22.9 倍。据国家统计局的数据，2020 年中国每 10 万人中有 15 467 人接受过大专及以上教育，是 2010 年的 1.7 倍（表 2-2）。

---

① 包含创业环境、企业家精神、创业结果三个维度。

表 2-1　高等教育在学总人数和毛入学率

年份	1949	1965	1978	1990	2000	2010	2012	2015	2016	2017	2018	2019	2020	2021
在学总人数/万人	11.7	110	228	382	1 229	3 015	3 325	3 647	3 699	3 779	3 833	4 002	4 183	4 430
毛入学率/%	0.26	1.95	2.7	3.41	2.52	6.5	30	40	42.7	45.7	48.1	51.6	54.4	57.8

表 2-2　每 10 万人拥有的各种教育程度人口

单位：人/10 万

普查年份	教育程度			
	大专及以上	高中（含中专）	初中	小学
1964	416	1 319	4 680	28 330
1982	615	6 779	17 892	35 237
1990	1 422	8 039	23 344	37 057
2000	3 611	11 146	33 961	35 701
2010	8 930	14 032	38 788	26 779
2020	15 467	15 088	34 507	24 767

资料来源：中国国家统计局。

而更具有前瞻性的教育是对幼儿的教育，2021 年中国的学前教育毛入园率达到 88.1%，是 2000 年的 1.91 倍（见表 2-3）。

表 2-3　学前教育在园幼儿总人数和毛入园率

年份	1950	1965	1978	1990	2000	2012	2015	2016	2017	2018	2019	2020	2021
在园幼儿总人数/万人	14	171.3	788	1 972	2 244	3 686	4 265	4 414	4 600	4 656	4 714	4 818	4 805
毛入园率/%	0.4	4.2	10.6	32.6	46.1	64.5	75	77.4	79.6	81.7	83.4	85.2	88.1

如果说正规学校教育是"被动性"学习，公共图书馆、互联网则更接近主动学习的硬件。2019 年全国公共图书馆每一万人的建筑面积为 126.5 平方米，是 2011 年的 1.71 倍。2020 年人均公共图书馆图书藏量 0.84 册，是 2011 年的 1.79 倍（见图 2-3）。

图 2-3　2011—2020 年全国公共图书馆建筑面积和藏量趋势

（资料来源：中华人民共和国文化和旅游部）

对普通网民来讲，百度、谷歌（Google）都是很好的主动搜索工具之一。流行语"有问题找百度"是对这种使用情景很好的诠释，也是网络用户主动学习的直接体现。Google 的母公司谷歌于 1998 年成立；2000 年 6 月百度正式推出中文搜索引擎；2003 年百度超越 Google，成为中国网民首选的搜索引擎，也成为全球最大的中文搜索引擎，那一年出生的孩子到 2023 年已经 20 岁。可以说，年轻一代是自主在线学习的一代。

传统学校教育的普及和自主学习的广泛渗透，必然使得参与企业经营的人力效率得到大幅提升，也会促使作为企业经营要素的人才的自我意识提高，并致使企业的人力数量、组织职能、组织架构、管理方式随之改变。

青年自组织的崛起

上海共青团于 2006 年在工作实践中提出了一个工作术语"青年自组织"，而从企业界来说，青年自组织是对具有知识和技能的人力要素的一次聚合和重组！

　　社会性学习是人作为人最决定性的行为和能力，这从社会存在之始，无时无刻不在发生，当今这种社会性变得更加紧密，"青年自组织"便是典型代表。自组织内的人才会持续地互相学习、互相反馈，那些从来没有想过的维度，通过人和人之间、知识和知识之间产生的化学反应，完成知识的迭代过程。

　　因科技发展塑造出的社群关系与价值观深刻影响了新一代青年的自我认同。他们倾向于接受任务导向、任务编组的工作，不拘工作场所与时间，他们不依赖外部指令而自发协调形成一定的有序结构，这种结构无论是从人力还是知识（技能）贡献角度来看，都是一种颠覆。

　　闫加伟先生在《草芥》一书中提到中国"青年自组织"的三个发展趋势：第一，"自组织"的数量将会越来越多；第二，"自组织"的组织化趋势日益明显；第三，"自组织"的发展具有不稳定性。尽管这发生在整个社会面，但无疑会对企业产生很大的影响：一是"自组织"这种隐形组织力量会存在于组织之中，二是"自组织"这种团体会存在于企业面对的消费者或者企业所处的产业中。"自组织"在特定条件下可能会产生冲突性或者爆发性影响。比如，当"自组织"与企业的组织目标不一致时，企业的发展就会受到很大阻碍。又比如，当企业向目标市场的"自组织"团体销售产品时，如果突破关键影响人，则可以快速实现销售目标。

　　尽管现阶段"自组织"主要在青年群体中产生，但企业的视野应该更加开阔，不仅要把目光放在"青年"上，更应该把目光放在"自组织"这种社会形态上。从企业内部来讲，"自组织"可以让企业的组织变得更加灵活，这对于应对外部的快速变化以及阶段性任务是非常有益处的，但也要预防"自组织"偏离企业发展方向。从企业外部来讲，"自组织"是值得企业充分利用的一股影响企业关联方或者消费者群体的力量。

第三节　资本聚合

当共享单车 ofo 消失后，曾经投资过 ofo 的多家资本又投资了新的共享单车品牌投放市场，之间没有任何时间真空。共享单车品牌变了，但市场需求还在，其背后的资本巨头们也还在。

资本可以说是强势介入了很多产业，而且众多资本根据自己的投资定位，分别按照前、中、后期不断投资相同的企业。《2020 胡润全球独角兽活跃投资机构百强榜》显示，红杉资本投资机构上榜数量为 109 家，排名第一，其投资了全球五分之一的独角兽。其次依次是腾讯、软银、IDG、高瓴资本、老虎基金、高盛和阿里巴巴，分别为 52 家、51 家、41 家、37 家、35 家、32 家和 25 家。

资本对产业中某个企业的投资可以帮助企业快速发展，缩短其达到规模化的时间。特别是在产业需要大量投资来助推市场度过培养期的状况下，资本的作用就显得更加重要。与以往资本不同的是，现在的资本更倾向于扎堆投资行业中少数几个或者单一的领先企业，被投资的企业将获得比其他企业更多的发展资金和资源。所以当某个行业有众多资本介入后，往往会快速改变行业的竞争格局，而对该行业里具体的企业来说，生存的空间可能被颠覆。对中小企业来说，要么吸引多家资本投资自己的企业，要么考虑如何改变自己以适应与资本集中的竞争企业共存。

资本绕不开的话题——垄断

资本集中以后，对行业带来的直接影响之一是垄断。互联网平台是资本集中的典型代表，它曾经为产业的发展带来了创新和效率，但近年来，企业被迫在平台之间或厂家和平台之间进行"二选一"的现象层出不穷，由此导致的纠纷也屡见不鲜。

随着平台垄断现象及其潜在风险越来越明显，国家也开始以行动遏制这种现象。2019 年国家市场监督管理总局在杭州（阿里巴巴总部所在地）召开"规范网络经营活动行政指导座谈会"，京东、快手、美团、拼多多、苏宁、阿里巴巴、云集、唯品会、1 药网等20 多家电商平台企业参会，会议指出"二选一"违反《电子商务法》。

2020 年 11 月 6 日，国家市场监督管理总局、中央网信办和国家税务总局三部门联合召开规范线上经济秩序行政指导会，包括"BATJ①"、字节跳动、快手、滴滴、微博、拼多多、美团、饿了么等 27 家主要互联网平台企业代表出席会议。

2020 年 11 月 10 日，国家市场监督管理总局发布了《关于平台经济领域的反垄断指南（征求意见稿）》，向社会公开征求意见。对不公平价格行为、限定交易、大数据杀熟、先杀对手再提价、不合理搭售等情况进行了明确界定，将其列入"反垄断"的范畴。国务院同意建立由市场监督管理总局牵头的反不正当竞争部际联席会议制度。

从政策层面看，国家对反垄断是重拳出击，直到新的《中华人

---

① 指百度、阿里巴巴、腾讯、京东四大互联网公司。

民共和国反垄断法》在 2022 年 8 月 1 日起正式施行。但对需要在平台上开展经营活动的企业来说，被垄断的格局依旧是巨大的挑战，推广、销售、甚至供应都要面临这个问题。而那些没有平台企业的行业中，很多企业也承受着寡头企业带来的竞争压力。尽管国家政策和法律对垄断的治理会为这些企业带来正面帮助，但作为企业来说，更重要的是通过建立持续的竞争力让自己变得更加有价值，进而获得发展所需的资本，或者努力成为整个市场中一个必要的角色，与垄断企业共存于整个生态体系中。

快品牌发展的背后

尽管很多行业内的垄断现象已然形成，但似乎我们总能在市场中看到一些脱颖而出快速成长的新兴品牌！但这些品牌真是按照常规方法成长起来的吗？它们的背后是否有着巨大的力量呢？

2020 年 11 月 19 日，成立于 2017 年的完美日记母公司逸仙电商（逸仙电商成立于 2016 年，完美日记为其主品牌）在美国纽交所挂牌上市，成为国内首个美股上市的美妆集团。完美日记在 2019 年天猫双 11 彩妆品牌 TOP10 中排名第一，美妆销售 TOP10 中排名第九，是 2020 年天猫双 11 到中午 12 时成交破亿元的彩妆 TOP1。如此成绩真是惊艳！

但是，根据逸仙电商的招股书披露，2018—2020 年前九个月，逸仙电商的净收入从 6.35 亿元持续增长至 32.72 亿元，同期相对应的净利润情况却相当"曲折"：2018 年亏损 4 012.4 万元，2019 年盈利 7 535.9 万元，2020 年前九个月巨亏 11.57 亿元。2018 年、2019 年及 2020 年前三季度，完美日记的营销及推广费用占净收入的比重分别为 48.7%、41.3% 及 62.2%。而在上海上市的同行业的珀莱雅 2019 年的营业收入是 31 亿元，销售费用占营业收入的比重为 39%，合并报表后的总收益是 3.66 亿元。

　　支持逸仙电商取得如此快速增长的业绩以及承受如此巨大亏损的原因，是背后资本的支持。逸仙电商占股前三的机构股东为高瓴资本、真格基金及高榕资本，持股比例分别为 13.8%、10.5% 及 9.2%。据"天眼查"数据，在 IPO（initial public offering，首次公开募股）之前，完美日记总共完成了五轮融资。其中投资方包括真格基金、弘毅投资、高榕资本、高瓴资本、CMC 资本、厚朴投资、华平投资、凯雷投资以及正心谷资本等知名机构。其中高瓴资本是目前亚洲地区资产管理规模最大的基金投资机构之一，曾入选胡润研究院发布的《2019 胡润全球独角兽活跃投资机构百强榜》，排名第 15 位。高瓴资本曾投资了一些耳熟能详的企业，其中包括：百度、腾讯、京东、携程、美的、格力、中通快递、蓝月亮、滴滴出行、美团、蔚来汽车等。

　　有意思的是，完美日记的推广基地——小红书的天使轮融资来自真格基金，真格基金后续又进行过几次追投。到 2018 年 5 月底，小红书宣布完成超过 3 亿美元 D 轮融资，该轮融资由阿里领投，金沙江创投、腾讯投资、纪源资本、元生资本、天图投资、真格基金、K11 郑志刚在内的新老投资人参与融资。

　　而阿里巴巴是完美日记的主要销售渠道，如果算上小红书，完美日记的营销高度依赖于阿里系电商，并在实体的新零售方面也和阿里巴巴有合作，除了阿里云，完美日记在浙江省的首家实体店面就与阿里巴巴合作了。公开的新闻报道显示，2019 年 9 月 11 日，完美日记完成的 C 轮融资由高瓴资本领投，红杉中国和华人文化跟投，而华人文化控股（CMC Holdings）的投资方就包括阿里巴巴集团、腾讯集团。

显然，品牌、平台、资本三者的关系是：品牌依赖平台的流量，平台需要成功的品牌，而品牌和平台通过资本联结在一起（见图 2-4）。

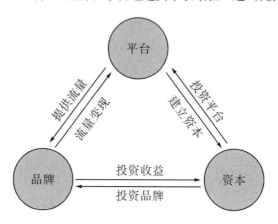

图 2-4　品牌、平台、资本的关系

我们还可以看看 2020 年天猫"双 11"到中午 12 时成交破亿元的一些品牌（选取上线天猫不到 3 年的品牌）：小仙炖——燕窝 TOP1、Ubras——内衣 TOP1。这些新兴品牌也常常以各种形式出现在媒体中，其背后都有共同的特点——资本加持。

公开资料显示，内衣 TOP1 的"无尺码"内衣品牌 Ubras（创立于 2016 年，以线上销售为主，在成立第一年用户累计达到 50 万，实现 7 000 万元的年度销售额①）。2018 年完成了今日资本领投的 5 000 万人民币 A 轮融资；2019 年完成数亿元 B+轮融资，由红杉资本领投，老股东今日资本跟投；2020 年完成 B+轮亿元及以上人民币融资，投资方为红杉资本中国基金、今日资本。在 2020 年，Ubras 全

① 亿邦动力网：《内衣品牌 Ubras 完成 5 000 万元 A 轮融资》，https://www.ebrun.com/ebrungo/zb/293358. shtml。

年的天猫销售额为 15.53 亿元。[①]

　　除了以线上销售为主的品牌，线下活跃的品牌依然离不开资本的助推。

　　THE COLORIST（中文名：调色师）是国内首个大型彩妆集合业态的创立者，于 2017 年立项，在实体零售"寒冬"的 2019 年 10 月这一个月内开 50 家门店。这些门店选址在中国 20 座大型热门城市及其商圈。该品牌隶属成立于 2015 年的 KK 集团。KK 集团旗下拥有 KK 馆、KKV、THE COLORIST 等多个连锁零售品牌。KK 集团从 2019 年 5 月开启多品牌战略，陆续推出了主打精致生活方式的主力店铺"KKV"以及纯彩妆集合店"THE COLORIST'调色师'"。

　　2020 年 7 月，KK 集团完成 E 轮融资，融资金额为 10 亿元人民币，领投方为 CMC 资本，洪泰基金、黑蚁资本、渶策资本、经纬中国、Kamet Capital 跟投。截至 2020 年，KK 集团已完成 6 轮融资，金额累计超过 20 亿人民币（见表 2-4）。

表 2-4　KK 集团 2016—2020 年 6 轮融资一览

时间	融资轮次	融资金额	投资方
2016 年 3 月	天使轮	1 500 万人民币	红土创业、深创投
2017 年 7 月	A 轮	1 亿人民币	璀璨资本、深创投
2018 年 4 月	B 轮	7 千万人民币	璀璨资本、经纬中国
2019 年 3 月	C 轮	4 亿人民币	eWTP 科技创新基金、洪泰基金
2019 年 10 月	D 轮	1 亿美元	五岳资本、eWTP 科技创新基金、经纬中国、黑藻资本

---

　　① 界面新闻：《与刘雯合作的 Ubras，也用起了新消费品牌为自己"正名"的老套路》，https://baijiahao.baidu.com/s? id=1711051252628685177&wfr=spider&for=pc。

表2-4（续）

时间	融资轮次	融资金额	投资方
2020年8月	E轮	10亿人民币	CMC资本、经纬中国、黑蚁资本、淏策资本、洪泰基金、Kamet Capital

很显然，市场上的品牌已经形成"资本系"与"非资本系"阵营，品牌竞争很大程度上是在和资本竞争或者资本之间的竞争。被资本助力的企业往往能快速形成规模，甚至可以促进产业升级，但有些时候可能反而让企业忽略了更加关键的能力建设。而且，从可持续发展角度看，企业尤其要重视资本为快速获取短期收益而丢失了长期战略的现象。从整个产业来看，资本的聚合也有可能只是创造了一次财富再分配的机会，并没有真正提高产业的效率和创新。

第四节　传播——企业经营翻不过的"五指山"

传播向来是企业实现销售和品牌建设的核心职能，但今天的传播职能，包括传播的媒介，变得比以往任何时候都重要，已经上升为企业经营必不可少的经营要素。

以前顾客可以在逛街时来到你的店铺，哪怕你不做任何广告，店铺也可以获得流量，因为店铺已经可以承担很大的广告功能。如果你的品牌可以在全国主流商场开店，你就是品牌！如果你有实力在央视或者几大卫视投放广告，你的产品马上可以火遍整个中国。在那个时代，企业可以选择成为一个小品牌，也可以选择成为大品牌，而且都能活得不错。

然而今天——互联网时代，很多企业没有多少选择。消费者购物或者接触品牌很大程度是在家或者在办公室等非"购买场地"完成的，触达顾客的途径也因此发生了很大的变化，顾客获取品牌信息的方式很大程度由"主动式"变成了"被动式"。发展到如今的结果是：流量被几大巨头掌握，如百度系、腾讯系、头条系、阿里系、360系，他们的广告平台，几乎垄断了流量市场。这些流量巨头，具有强大的话语权，拥有强势的议价能力，他们只需要通过广告主之间竞价争夺流量就可以实现推广价格的提升。

作为广告主的企业可能要面临两种情况：一是通过高昂的可以预知的流量费来"公平"地获取流量，没有秘密可言；二是面对流量不确定的巨大风险，企业流量完全有可能在一瞬间不知所踪，也可能在一夜间莫名其妙流量"爆棚"！

竞价广告和"去中心化"

精准营销①是这个时代最值得骄傲的产物之一，而且被普遍认为可以实现传播的有效性。这意味着企业的单位投入更低而同样能取得效果。

但很多时候，所谓的精准营销并不能达成营销者想要的结果。拿竞价广告来说，这种被宣传为"费用少、投资少"的互联网广告形式，正是因为广告主可以自主投放、自主管理，通过调整价格来进行排名，按照广告效果付费，反而不能形成有效竞争力（超出竞争对手的曝光率、提高影响力是广告传播的第一目的）。

假设存在一个简单竞争环境：企业A和企业B提供相同的产品，企业A和企业B在同样的时间出价投放广告，顾客在C平台上搜索

① 指通过精准的传播并期望带来预期的销售。

相关的产品，搜索的结果只能看到一家企业的产品信息，也就是企业 A 和 B 都面临"可见"和"不可见"两种选项，而且 A 和 B 可以通过数据知道自己的产品是"可见"还是"不可见"时，当然相互之间不能准确知道对方的广告出价。当 A 发现"不可见"时，则 A 会提高出价以高于 B，直到"可见"；当 B 发现"不可见"时，也会再次提高出价（高于 A 的最新价格），直到"可见"。双方交替博弈出价，直到双方权衡收益形成平衡，也就是某一方达到最大支付能力或失去支付意愿后，出价行为终止，最终价低的那家出局，也就失去了"可见"的机会，而未出局的企业则维持高出价以保持"可见"。这也是很多企业觉得投入的支出和竞价广告带来的收益正好抵消或者入不敷出的根本原因。如果再出现第三家企业 C，C 要获得"可见"的结果，必须高于这个最后的价格，则又开始一场超出企业支付能力的竞争。

如果企业的真正收益是期望首次接触广告的顾客带来后续的消费，则一方面企业需要具备更高的广告支付能力和意愿，另一方面企业又必须面对可能或者说正在发生的"去中心化"算法的影响。就像业内人士普遍认为的，抖音的粉丝数并不能和商家抖音直播的流量对等。当然笔者个人认为，有相当垂直度的抖音账号的粉丝还是有一定价值的。但是，也不容乐观！因为抖音的推荐算法总是让每个抖音账号的每条视频播放量都经历从"0"到"1"的过程，你的视频播放量取决于抖音将其"喂食"给谁。即使是企业花钱投放广告，受众的最终掌控权还是在抖音之类的传播媒介手里！"去中心化"里最大的中心是平台商，这和搜索型平台建立的"竞价中心"没有根本的区别！

流量资源成为品牌要素

现在，我们知道竞价广告和"去中心化"平台对想在上面做传播的企业来说，其实并不那么友好，但企业又必须依赖这些平台的流量，于是一些品牌尝试将流量资源整合成为其中的一个经营要素。

近年来，我们常常能看到一些增长迅速的线上品牌。比如一些"国货"彩妆品牌通过"知名主播+明星背书"的方式来促进市场销售，在很短的时间内就成了知名品牌。其中一些线上品牌更是吸纳明星成为其投资人，更深一步地把流量整合成为持续的品牌要素。

即使是传统线下品牌，也把流量资源当作很重要的品牌要素。2020年10月9日特步发布了一份新股认购公告，特步品牌形象代言人谢霆锋同意认购特步国际500万股股份。早在2001年特步品牌成立的那年，谢霆锋即担当特步品牌形象代言人。由谢霆锋参与设计的"风火一代"运动鞋，曾创下销售120万双单款运动鞋的纪录。特步的公告中表示，谢霆锋担任特步品牌代言人已超过10年，特步计划进一步与其合作，设计及推广与谢霆锋有关的全新运动产品系列，认购的所得款项将用于开发相应的产品。谢霆锋认购股份的消息发布后的第一个交易日，特步国际股价高开高走，收盘大涨17.53%，反映出市场投资者的正面看法。

流量资源一旦成为品牌要素，在一定程度上就成为一种资产了。流量资产和传统的资金、厂房没什么两样，只要运用得当，其创造的价值更大。

构建专属的媒介工具

即使是企业没办法整合优势的流量资源，也不必过于悲观，可以利用科技手段去构建自己的传播媒介。因为从根本上来说，科技可以帮助企业提高效率，同样科技可以用来组建"自己"的传播媒介。如今科技的发展让企业构建自己的专属媒介成为可能，而且很多时候并不需要完善的团队和高昂的资金投入。企业首先要采取的行动是把建立专属媒介的目标和职能纳入企业工作内容，其他的事情就可以顺理成章了。

企业构建媒介组合的时候，大体可以实施以下工作：一是重新审视企业在平台性传播媒介上的效率，果断抛弃那些不够精准的投放；二是利用市场上现有的数字化工具和平台，包括各种社交工具、电子展示工具、用于信息收集的计算机软件，提高企业向目标人群传播的精准性和持续性；三是鼓励全体员工创作内容，包括图文、视频；四是发展企业的忠实用户或者热心用户成为企业的传播员；五是尽可能创造与用户交流的机会。

第五节　渠道——销售阵地去哪儿了

销售渠道好比企业的销售阵地，是企业经营的关键要素，该要素是科技、人力、资本、传播媒介等要素作用下的直接外化要素。销售渠道面临严重的弱化与分散特征，而且不断发生迁移。弱化是因为渠道变得越来越接近"单纯"的交易功能提供者，顾客购买决策在渠道之外就完成了；分散是因为很多行业的充分竞争导致的渠道供应过剩；而迁移是不断有新的挑战者快速加入。这一切对很多企业的销售可持续性构成了致命风险！

比如，在线下零售领域，假设零售消费的人均消费在一万元左右，而一万元人民币的零售消费，通常只能支撑一平方米的商业面积。商业面积的持续供应必然导致供应过剩、坪效失衡。

又如，在零售电商平台，淘宝、天猫和京东确实是足够强大，但依然面临其他电商的挑战，如社交型电商（如拼多多）的发展和各种社交媒体（如短视频媒体）的电商化，以及未来可能出现的服务类互联网平台（如美团）的综合化。2019 年中国网络零售市场①中，以 GMV② 计算，拼多多的市场份额达 12.8%，名列第三，前面是天猫（50.1%）、京东（26.51%）。2020 年上半年快手（短视频平台）电商 GMV 超过千亿元人民币③。阿里巴巴 2021 财年第二财季财报显示，截至 2020 年 9 月 30 日，12 个月内淘宝直播产生的 GMV 为 3 500 亿元人民币。

还有更多零散的销售渠道在整个互联网时代存在！2021 年，微信小程序日活跃用户达 4.5 亿人④。另据 iiMedia Research（艾媒咨询）的一项研究，社区拼团也在深入地影响消费者的购物习惯，有社区拼团经历的用户会频繁地参与社区拼团，超六成的受访用户每周都会参与社区拼团，其中，27.6% 的受访用户每周会参与 1~3 次。

即使是单一渠道，比如单就淘宝（或者天猫）渠道而言，如果想把这个渠道做好，其实并不简单，因为卖家可能要面临十多个流量来源（见表 2-5），这些流量来源事实上让单一的淘宝渠道的购买功能变得相当弱化，渠道本身在顾客购买之前就已经被分散了。

① 网经社电子商务研究中心. 2019 年度中国网络零售市场数据监测报告［R/OL］.（2020-06-05）. http://www.100ec.cn/home/detail--6559821.html.

② Gross Merchandise Volume，即一段时间内的商品交易总额。

③ 数据来源于快手科技招股书。

④ TechWeb，《微信小程序 DAU 超 4.5 亿 小程序开发者突破 300 万》，https://baijia-hao.baidu.com/s？id=1721183339915253654&wfr=spider&for=pc.

表 2-5　某品牌淘宝上 2020 年 2 月份的 15 个流量渠道

流量来源	交易金额/万元	客单价/元	支付转换率/%	交易金额占比/%
淘内免费	167	276.54	0.34	9.90
手淘淘宝直播	360	234.42	1.42	21.34
淘宝客	140	292.92	1.07	8.30
超级推荐	47	270.00	0.51	2.79
手淘搜索	153	284.63	1.67	9.07
WAP 淘宝	0.8	291.00	0.02	0.05
手淘首页	20	284.10	0.30	1.19
我的淘宝	179	284.70	2.71	10.61
购物车	395	265.08	6.90	23.42
直通车	34	285.30	0.56	2.02
手淘其他店铺商品详情	66	294.37	1.05	3.91
直接访问	0.9	301.81	0.02	0.05
品销宝-品牌专区	71	285.81	1.49	4.21
智钻	32	256.95	2.03	1.90
手淘微淘	21	281.21	2.48	1.25

销售渠道每发生一次弱化、分散或者迁移就是一次对成本收益结构重新分配的过程！这个过程不仅在 toC 领域上演，同样在 toB 领域发生着，只不过在 toB 领域更多地体现在掌握潜在订单需求信息的渠道中。遍布各行业的协会、联盟、俱乐部、沙龙、峰会、商会、老乡会、校友会承担着这个角色，于是，我们如今不得不面对行业展会效果不断变差的窘境。在互联网中，各种更加细分的行业信息网站也挑战着综合网站的地位。销售渠道的弱化、分散和迁移是个体力量的终极展现！

大润发向阿里巴巴交班①

2020 年 12 月初，执掌大润发 24 年的黄明端先生正式将其交班给阿里巴巴，并表示"未来属于互联网时代，必须跟上时代的脚步，提早转型新零售，才能减少被新零售商业冲击"。

1996 年，润泰集团成立大润发流通事业股份有限公司，进军零售业，润泰集团总裁的尹衍梁，做了一个让旁人吃惊的决定：启用从未有过零售管理经验的黄明端，掌舵大润发。

黄明端是一个向全世界学习，集众人之长做自己的人。他曾对媒体说："我的生鲜买货操作一部分是学美国的，但是整个商店的设计是学欧洲的，商品的选择是学中国的。"

起初，大润发模仿的是欧洲零售业巨头——万客隆的仓储式销售业态。在大陆开到第三家门店时，他果断叫停仓储模式，以家乐福为标杆，转为大卖场经营模式。

2001 年，中国成功加入世界贸易组织，零售业正式对外开放，零售大卖场在中国迎来了黄金十年。沃尔玛和家乐福等世界巨头，都纷纷加快在中国攻城略地的步伐。

2010 年，大润发取得营收 404 亿元人民币，取代家乐福，成为当时中国零售百货业的冠军。

2011 年 7 月 27 日，大润发与欧尚合并在香港上市。拥有"大润发"和"欧尚"的高鑫零售，市场占有率超过沃尔玛，一跃成为中国最大零售商。

创造了连续 19 年不关店的纪录，2016 年单店平均业绩超过 3 亿

---

① 有关的事件是笔者根据新闻报道整理而来。

元人民币。

2013 年，他出资打造了互联网电商平台——飞牛网，虽然先后投入了 20 亿元人民币，但最终还是没有做起来。

2017 年 11 月，阿里巴巴收购了大润发的母公司高鑫零售。随后的 2018 年 1 月 30 日，高鑫零售对外公告说，黄明端辞任执行董事一职。

面对媒体，黄明端先生多次表示，"阿里巴巴就是高鑫零售最好的合作伙伴，这对股东、对公司、对员工、对消费者都是最好的选择"。

主播们和唯品会

电商主播的起落故事不绝于耳，在这些主播背后，是一个庞大的直播电商产业。据网经社的数据，2022 年直播电商行业企业规模达 1.87 万家。另据中国社会科学院财经战略研究院联合淘宝直播编撰的《2022 直播电商白皮书》，2021 年淘宝直播打造了近 500 个销售过亿的直播间，各种直播机构超过 2 000 家。

我们不应该只把网络主播当作一个直播主播本身，主播们其实是一个个"渠道"，这个渠道和唯品会在根本上没有区别，如果你将唯品会当作一个渠道，那么各个主播也是一个渠道。

我们可以梳理一下唯品会生意模式的关键词：品牌商品的网络折扣商店、"快闪式销售"方式，多达 3 万多个品牌（截至 2021 年 8 月 18 日）。另外也可以看看某主播的生意模式的关键词：品牌商品价格比常规渠道更优惠的直播间、有固定的播出时间段、涵盖 5 大类别（美容护肤/美体/精油、零食/坚果/特产、女装/女士精品、粮油米面/南北干货/调味品、彩妆/香水/美妆工具）。从这些关键词来看，很显然，在"卖什么""如何卖""怎样竞争"上唯品会和主播们有着一样的逻辑。当然，两者在最初的商业模式上还有一点最根本的区别，前者是产业库存的再消化，而后者是打破原有产业利润分配结构。两者最初的商业模式帮助其站住脚，但最终彼此的商业模式会变得模糊，直到成为一个平常的销售渠道商。

可能最容易让人混淆的是主播的频道是以主播个人出现，但如果把主播理解为众多企业在建设品牌时用的品牌拟人化手段或者代言人，应该就不会感到困惑了。虽然有些主播的直播是在某一个平台内进行，但其传播不局限于该平台，而是通过更多其他的渠道推广引流，包括主播们的娱乐化、明星化活动，这和唯品会请明星代言、多渠道的广告投放是没有根本区别的。那些大大小小的主播的出现，很多情况下伴随着企业销售渠道的一次迁移。

本章精要总结

关键词：要素颠覆

企业应经营要素而变！

经济学上通常把劳动、资本、土地、企业家才能作为企业的四大生产要素类型。鉴于企业的多样性和时代的变化，企业的经营要素也会发生变化，特别是对于企业个体来说，企业需要关注其真正并且具有实用意义的要素。

如今，企业家需要理解科技、人力、资本、传播媒介、渠道等经营要素的变化，如科技的颠覆作用、人力与知识迭代、资本聚合、传播（媒介）为王，以及销售渠道分散和迁移等。企业家也需要理解哪些变化的要素对你的企业经营有决定性的作用，理解了这些，你才能应势而变，因时而动！

第三章

双线竞争

变局时刻

某内衣企业近年觉得有些"喘不过气"，曾经和行业排名前几位的竞争对手可以针锋相对、"肉搏"的时代已经一去不复返了。排名靠前的几家企业通过设立多个品牌进入不同的细分市场，规模远远超过该企业，由此，渠道资源、传播资源、供应链资源，以及人才资源越来越向这几家企业聚集。更为雪上加霜的是，原以为内衣市场已不能为新品牌提供生存空间，但事实上有些新品牌抓住新生代消费者成长时机，集合了一些资源，也加入到这个市场。

所以，这家内衣企业面临的竞争对手不单是传统的头部企业，还有很多看不见的竞争者！其他行业是不是也要面临这种竞争态势呢？企业是不是正在进入一个双线作战的时代？

"二八法则"总是被运用到企业管理行为中，它是一个基本的规律——在特定项目中，重要的因子通常只占少数，而不重要的因子则占多数，因此只要能控制具有重要性的少数因子就能控制全局。

如今，"二八法则"更突出地体现在企业竞争中，这也算是对该法则诞生之初现象的再现。1895 年，意大利统计学家、经济学家维尔弗雷多·帕累托（Vilfredo Pareto）在研究国家的财富分布时，发现了一个很有趣的现象——每个国家的财富都呈现出一种分布方式，即少部分人占据了大部分财富，而大部分人拥有少量财富，这就是"二八法则"诞生的源头。

在中国和世界经济进入一个缓慢增长甚至不增长的状况下，也意味着企业界越来越接近"二八法则"，财富、市场向更少的大企业集中。也正因为如此，我们可以看到股市投资者们都把自己的资金集中到行业中的领先企业，比如，A 股食品饮料股市值排名前 2 位的公司股票市值占前 10 家公司的 61%[①]；大学生们争相进入领先企业；更多消费者倾向购买领先品牌……

各行业的企业则通过激烈竞争、并购甚至混战，最后留下仅存的头部企业。当年视频网站经过混战后，只留下了只分属 BAT[②] 的爱奇艺、优酷、腾讯等几家主要平台，也许未来还会合并成更少的平台；除了美团，你是否还记得那 3 000 多家团购网站；多家网约平台乱战结束后只剩下滴滴一家独大；曾经遍地的共享单车品牌，也差不多被美团和哈啰挤出街头。

出乎意料的是，很多大企业变得更加灵活，并没有像我们以往认为的那样臃肿和自满，这很大程度得益于科技的进步和人才的聚集。如果你的企业不是你所处行业的头部企业，你就不得不面对如此强大的对手。而且，你还要准备好应对随时可能出现的新的破坏者。请注意，这里的"破坏"是一个中性词。这种潜在的破坏者可能正在某个你看不见的地方萌芽，一旦步入公众视野，它可能已经

---

① 根据 2022 年 3 月 4 日的市值数据计算。
② 指百度、阿里巴巴、腾讯三家互联网公司。

长成参天大树！就如同现制奶茶重新夺回曾被杯装冲调奶茶抢走的市场、外卖市场狠狠打击了方便食品市场一样。

第一节　头部虹吸——被遗忘的世界第二高峰

当你所在的行业正在形成或者已经形成头部企业，你将不得不面对头部企业形成的对行业经营要素、顾客（市场）的虹吸效应。头部企业拥有更强大的竞争优势，但有一点要清楚，头部企业不一定要保持高毛利，它所获得的资源助推了"高注意—大收益—可投入—高增长"循环的出现，这就像物理界的虹吸一样，自然地产生，只不过是"水往高处流"，而不是"往低处流"。

2020 年下半年，深圳发布两条重大的消息，都跟头部企业有关。

一条是 2020 年 9 月，深圳市发改委发布《关于支持头部企业发挥带动作用促进重点产业链高质量发展的实施方案》，以促进深圳产业链头部企业做大、做强、做优。该方案从 4 个方面推出 10 条措施，从聚集企业资源要素、支持企业研发创新、强化企业集群优势等方面，助力头部企业提升产业链带动能力、研发创新能力、市场主导能力。

另一条是 2020 年 10 月，C9（九校联盟）高校校长同时拜访中国通信领域龙头科技企业华为，探讨"卡脖子"等问题。C9 是由北京大学、清华大学、复旦大学、上海交通大学、南京大学、浙江大学、中国科学技术大学、哈尔滨工业大学、西安交通大学这九所顶尖大学组成的高校联盟。若非华为，笔者想没有哪家企业有如此号召力吧。

头部总是能获得更多的关注，就好比大部分人都知道，世界第一高峰叫珠穆朗玛峰，而很少有人知道第二高峰是海拔 8 611 米的乔戈里峰，仅比珠穆朗玛峰低了 233 米；同样，大部分人都知道第一个登上月球的人是阿姆斯特朗，却鲜有人知道第二个登上月球的人是巴兹·奥尔得林，仅晚了几分钟。

头部获得的关注来自两个方面：一是市场——购买方，二是资源供给方。购买方带来直接的收益，而资源供给方帮助优化企业的经营要素，这是创造货币收益的条件和能力，所以是间接收益。

头部之所以能够更容易获得关注，是因为其可以降低关注人的信息收集成本、潜在失误风险、触达成本等。同时，由于这些成本的降低，反过来又促使头部企业降低经营成本，如获客成本、生产成本、资金成本等。这些成本的降低会再一次回馈给顾客，而且不一定表现为更低的价格，比如也可以是更好的产品或服务。这是非常符合"自然垄断"法则的！

所以我们可以看到，处于头部的企业被高关注而带来更大的收益，反过来也会强化头部的地位。一旦你的企业成为某个领域的头部，整个领域就开始为企业带来正反馈，微小的优势会带来更多名声、更多机会、更大的收益。而这又让你可以投入更多资源，继续扩大优势，最后的结果就是头部的企业获得最高的增长率。

就好比一个头部主播能够获得更多的关注，产生更多的消费，那么就能够吸引更多品牌提供更多优惠的产品，产生更多的利润。同时该主播可以聚拢更好的供应链管理人才、更好的策划人才，为其创作更好的推广方案，在更多渠道开展推广，获得更多的关注。

头部虹吸效应在各个维度或者空间发生，比如小到一个商场的童装区，大到整个中国童装市场；又比如小到一个市的水泥厂，大到全国的水泥市场；再比如小到一块高档腕表，大到整个奢侈品市场。

"长尾陷阱"

提到"头部"，可能有些人会有疑问："长尾理论"失效了吗？要回答这个问题，需要重新看看"长尾理论"是如何诞生的。

美国《连线》（Wired）杂志主编克里斯·安德森（Chris Anderson），在一次跟数码点唱公司伊卡斯特（Ecast）的首席执行官范·阿迪布（Vann Adibé）的会面中，了解到范·阿迪布提出了一个"98 法则"。从数字音乐点唱数字统计中可以发现：听众对 98% 的非热门音乐有着无限的需求，非热门的音乐集合市场无比巨大。听众几乎盯着所有的东西！正是这个"98 法则"促使克里斯·安德森研究这个似乎有悖常识的"98 法则"。于是，他系统研究了亚马逊、狂想曲公司、Blog、Google、eBay、Netflix 等互联网零售商的销售数据，并与沃尔玛等传统零售商的销售数据进行了对比，观察到了一种符合统计规律的现象。如果以数量、品种二维坐标来建立需求曲线，这条曲线拖着长长的尾巴，向代表"品种"的横轴尽头延伸，"长尾"由此得名（见图 3-1）。

因此，"长尾"的提出之初是用来描述诸如亚马逊、Netflix 之类的网站的商业和经济模式，所以它是特别针对网络零售类企业的"长尾理论"。只要产品的存储和流通的渠道足够大，需求不旺或销量不佳的产品所共同占据的市场份额可以和那些少数热销产品所占据的市场份额相匹敌甚至更大，即众多小市场汇聚成可与主流市场匹敌的能量。也就是说，企业的销售量不在于传统需求曲线上那个代表"畅销商品"的"头部"，而是那条代表"冷门商品"的经常为人遗忘的"长尾"。举例来说，一家大型书店通常可摆放 10 万本书，但亚马逊网上书店的图书销售额中，有四分之一来自排名 10 万以后的书籍。

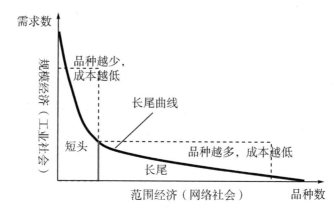

图 3-1　长尾曲线

　　网络零售之所以可以支持"长尾"，是因为网络零售商可以把推广、存储方面的成本降到最低，这是其主要的供应成本。对于网络零售商来说，和实体零售相比，它的陈列成本几乎为零。也唯有利用这些"长尾"产品，才能在特定顾客市场形成头部效应！请注意，头部企业产生的"头部效应"发生在特定市场里，而"长尾理论"是发生在不同市场之间（不同品类）之间的现象。如果你是亚马逊的一家供应商，想要为亚马逊提供"长尾"产品，就必须在这个"长尾"产品的众多供应商中成为"头部"供应商，你必须比别的供应商更有优势，比如更低的供应成本等。

　　从竞争角度出发的"头部效应"是从市场角度出发，让你满足顾客需求的效率达到最优。从这点来看，网络零售商的那些"长尾"商品恰恰是支持其建立"头部"的基本能力。所以说，千万不要把"长尾理论"运用到你的企业市场定位上。我们可以接受"长尾市场"，"长尾市场"也称为"利基市场"。正如"利基"意为"壁龛"，有拾遗补阙或见缝插针的意思。即使是在一个小市场，也必须要创造出优势，成为"头部"，这是获取利益的基础。

当然，有必要说明的是，即使是从经营管理角度看，也有很多人并不认同"长尾理论"，如谷歌前 CEO 埃里克·施密特认为："互联网为我们创造了一个公平的竞技环境，而'长尾'区更是绝对的理想之地——这里有无数的细分领域，无数的产品类型，无数的全新选择。但不幸的是，事实并非如此。虽然'长尾现象'很有意思，但一直以来，绝大部分的营业收入还是出自'头部'……事实上，互联网可能会带来更大规模的爆款，以及更集中的品牌。当你把所有人聚在一起的时候，他们依旧喜欢某一位巨星。"哈佛商学院教授安妮塔·埃尔伯斯则认为："很多企业用大量资金去追求安德森保证有利可图的'长尾理论'。这是一本有趣的书，但不幸的是，这本书的前提是有缺陷的。安德森对市场正在如何变化并没有很好的理解，他的观点也并非建立在正确理解的基础上。"所以企业应该保持清醒，避免"长尾陷阱"！

第二节　未知破坏与利益重构

一位汽车配件制造行业的资深人士提到他们将不得不面临新的抉择，因为电动汽车的发展将使他们的产品面临生死问题，而这个产品是著名燃油汽车公司的专供产品。在电动汽车成为市场热点后，那些燃油车零部件行业，如汽车发动机、排气管、进气隔栅、油表，甚至是变速箱，可能都要被颠覆，而且这种可能性在与日俱增。以2022 年 8 月 15 日的数据来看，美国电动汽车特斯拉的市值大概是9 325亿美元；美国老牌汽车企业——通用汽车的市值约为 575 亿美元；中国的传统汽车企业——上汽集团的市值接近 1 909 亿人民币

（约 282 亿美元）；2014 年成立的来自中国的电动汽车——蔚来的市值约为 352 亿美元；同样来自中国的，成立于 1995 年的电动汽车企业——比亚迪的市值是 9 176 亿元（约 1 355 亿美元）。尽管电动汽车公司的市值可能存在泡沫，但也不能否定电动汽车对燃油汽车的冲击。

抛开电动汽车能否替代燃油汽车的问题，电动汽车是对原有燃油汽车市场平衡的一次破坏，正如一百多年前燃油汽车对电动汽车的破坏一样。市场总是在平衡与不平衡之间发展。要知道，电动汽车比燃油汽车更早出现，1900—1910 年，美国道路上约有三分之一的汽车是电动车。但由于电池技术跟不上汽车性能的提升，以及燃油价格的大跌，最终电动汽车被燃油汽车全面超越。如今随着电池技术的提高，电动汽车又开始成为市场的重要力量。市场平衡被打破的时候，原有的市场玩家将面临完全不同的竞争！

如果说电动汽车和燃油汽车是价值创新型破坏，那么市场上还存在一种利益被重新分配的破坏，这种破坏更具有毁灭性和不确定性。

一家生意不错的美发店可能因为骨干美发师的离开而生意直落千丈，因为美发师是美发店的战略业务单元，而这个业务单元的流水因美发师的离开消失了；一条街上有一家生意不错的麻辣烫店，于是有人看见生意不错也进入这个行当，在街对面又开了一家，尽管生意没有那家老店生意好，但也分走了一部分客人……

不单单是这种"小生意"，大的产业也发生着利益重构的现象。时尚品牌在中国各地的实体专卖店销售，直到有一天有人在电商平台更便宜地销售该品牌的产品，原有的收益平衡便被打破了；某个直播头部主播与某著名的化妆品开启了合作，合作的前提是主播在一段时间里拿到最优惠的价格，渠道利益自然被重新分配了，即使是提供直播专供产品，原有的渠道利益依然被重新分配，因为从顾客源头就可能发生新的分割。

　　价值创新和利益重新分配也可能同时发生。表面上看，各个街边的房产中介的门店似乎波澜不惊、按部就班地开展运营，但其实这些房产中介门店的"战斗"已经在其他渠道激烈上演。有租房需求的人和想出租房子的人越来越依赖网络，他们可以在网上寻找房源，也可以直接在网上挂牌出租，双方的需求可以在不同门店之间共享，这样可以节省更多的时间，降低他们的成本，提高找房和租房的效率。谁通过网络掌控了需求方和房源，谁就能取得胜利。房产中介门店的价值大大减少，原先一部分利益自然让渡到网络服务商和进行网络运营的相关人员。而房产中介也直接加入到房源控制的行动中，他们事实上是租房者和出租者的强大的竞争对手。

亚马逊的价格策略

　　作为全球最大的网络零售商，亚马逊一直采用折扣价格策略！亚马逊通过折扣策略提供比竞争对手更低的价格来争取顾客，反过来通过扩大销量来弥补折扣费用和增加利润。

　　价格策略一直都是亚马逊的竞争"杀手锏"！从 1995 年 7 月上线之初，为了和线下图书巨头巴诺书店（Barnes&Noble）、博德斯书店（Borders）竞争，贝佐斯把亚马逊定位成"地球上最大的书店"（Earth's biggest bookstore）。为实现此目标，亚马逊采取了大规模扩张策略，以巨额亏损换取营业规模。在后面的发展过程中，"杀手锏"也屡次作为竞争策略使用！

　　2017 年亚马逊收购全食超市。全食超市成立于 1978 年，是全球首屈一指的天然有机食品超市，是美国第一家拥有有机食品认证的超市。全食超市在美国、加拿大和英国拥有 460 多家门店。

全食超市之所以愿意被收购，普遍的看法是其陷入了"性价比"与"更高端"有机食品业态的竞争夹击中。一方面沃尔玛、开市客、克罗格等纷纷加入有机食品竞争行列，并且售价远低于全食超市，性价比更高；另一方面克里夫能量棒公司（Clif Bar & Company）等打造了更为高端的有机食品业态，颠覆了全食超市主打"高端"食品的定位。无论是"性价比"的对手还是"更高端"的对手，都是对全食超市定位的一次破坏！竞争的直接结果是全食超市 2014—2016 年净利复合增长率为 -6%（同期克罗格为 16%、开市客为 7%），同店增速也持续下降，自 2014 年的 4.4% 下降至 2016 年的 -2.5%。

亚马逊完成对全食超市收购的第一天（2017 年 8 月 28 日）就宣布对后者实行大幅度降价，幅度达到 43%。这是亚马逊对有机食品市场和超市行业的一次破坏，早在其宣布要收购全食超市的时候，沃尔玛的股价就应声下跌了 5.06%。降价取得的效果显而易见！2018 年 2 月 20 日，全食超市的主要供应商海恩时富（Hain Celestial）的 CEO 艾文·西蒙（Irwin Simon）接受采访时表示，尽管被亚马逊收购后，全食超市的商品价格大部分被调低，但"产品的销量却出现了大幅的增长"。全食超市主要供应商之一的联合天然食品公司（United Natural Foods）也表示上季度的销售额同比增长了 19%。

2020 年疫情期间，亚马逊在美国市场推出了一项线上配送服务，为处方药提供大力度折扣。这项服务的名称为亚马逊药房（Amazon Pharmacy），在其网站以及全美 5 万多家实体药店内为没有保险的 Prime 付费用户提供高达 80% 仿制药的折扣。在推出这项服务之后，亚马逊成为沃尔格林和西维斯健康公司（CVS Health）等药品零售商的直接挑战者。亚马逊还在一份声明中表示，将提供高达 40% 的品牌药物折扣。

杰富瑞投资银行分析师布伦特·蒂尔（Brent Thill）表示："这是一种对医药市场极具破坏性的做法，当该公司（2018 年）收购邮购药店（PillPack）① 时，外界并不感到意外。这是一个庞大的市场，亚马逊以前就做过这样的事情，他们找到了一个巨大的市场，而在消费者眼中，这个市场的流程非常糟糕，而亚马逊则让购买药物变得更为简单。"

在宣布进入药品行业之后，竞争对手的股价均出现了动荡。Walgreens Boots Alliance② 的跌幅超过了 9%，美国最大药房运营商 CVS Health 的股价也下降了 9%，Rite Aid③ 下跌超过 16%，总部位于加利福尼亚州、与 7.5 万家美国药店提供折扣合作的 GoodRx④ 公司：一家健康科技公司。股价下跌 20%。

摩根士丹利认为："药品具有需要反复购买的特性，以及较小的包装尺寸，应该也能很好地融入亚马逊现有的物流订单，以增加每批货物的毛利率。"这应该是亚马逊对产品供应成本的一次重构，也正是这种重构，有力地支持了其提供一个破坏性的价格。尽管这和亚马逊通过全食超市完善线下配送的具体做法不同，但逻辑相同。相信亚马逊的这种策略还会在其他巨大的市场再次出现！

---

① 2014 年创立的在线药房，总部位于马萨诸塞州坎布里奇。
② 美国的一家药品，食品零售连锁企业。
③ 1962 年创立的美国药品连锁企业。
④ 一家健康科技公司。

SHEIN——快时尚新头部与破坏者

从 2014 年下半年开始，跨境电商成为中国企业出海的热门赛道，跨境电商的百度搜索指数从 2020 年下半年开始更是大幅攀升（见图 3-2）。

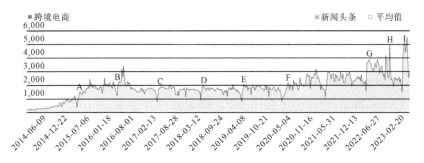

图 3-2　百度搜索指数——跨境电商

中国作为世界上最大的鞋服出口国，自然有很多中国鞋服行业参与者瞄准了跨境出口电商（尽管跨境电商包含跨境的出口电商和进口电商，但很多时候跨境电商代指跨境出口电商）。根据子不语集团的招股说明书推测，2021 年中国有超过 5 000 家卖家专注于 B2C 跨境出口电商业务，市场规模按商品交易总额（Gross Merchandise Volume，GMV）计约为人民币 27 384 亿元。其中，平台卖家占据 74.5% 的市场份额，鞋服占据约 27.4% 的市场份额，即人民币 7 503 亿元，第三方平台的前五大鞋服卖家产生的 GMV 合计占比约 1.8%，显然，鞋服行业 B2C 的跨境出口电商是一个极度分散的市场。

但恰恰是在这样一个竞争激烈的分散市场，诞生了一家以独立站为主要销售渠道的 B2C 跨境电商企业——SHEIN（中文名希音，成立于 2008 年）。SHEIN 主营快时尚服饰，背靠中国强大的供应链，业务遍布北美、欧洲、中东、东南亚等多个海外市场。2021 年 5 月，据应用追踪公司 App Annie 和 Sensor Tower 的数据，SHEIN 取代亚马逊成为美国 iOS 和 Android（二者均为移动操作系统）平台下载量最多的购物应用①。截至当地时间 2021 年 5 月 17 日，SHEIN 是 54 个国家和地区中排名第一的 iOS 购物应用程序。据媒体报道的数据②，SHEIN2021 年的年收入超过 160 亿美元，约占中国鞋服 B2C 跨境出口电商市场份额的 14.9%。显然，对众多鞋服 B2C 跨境出口卖家来说，SHEIN 已经变得遥不可及，即使是对排名第三的平台卖家、"跨境鞋服第一股"的杭州子不语集团而言，也是如此。子不语主要通过第三方平台（主要是亚马逊和 Wish）销售产品，2021 年营收为 23.47 亿元人民币③，SHEIN 大概是其的 48 倍。

与子不语相比，作为头部企业的 SHEIN 必将获得更多资源的聚合，这一点我们完全可以从百度搜索指数上得到侧面印证（见图 3-3）。从 2020 年 8 月 3 日—8 月 9 日（图 3-3 中的 A 点）被百度收录的时候开始，SHEIN 的搜索指数约是子不语的 2~3 倍，子不语的搜索指数总体出现下降的趋势。

SHEIN 在独立站基本盘的基础上，利用其头部企业的优势，开始丰富鞋包配饰家居品类、建立子品牌独立站矩阵、入驻亚马逊平台、尝试第三方平台建设，同时也开展物流和供应链的建设，这些行动大概率将进一步巩固其头部地位。

---

① 界面新闻，《SHEIN 取代亚马逊成为美国安装量最大的购物应用程序》，https://www.jiemian.com/article/6117122.html。

② 观察者网，《中国快时尚巨头 SHEIN 增速骤减，千亿估值承压》，https://www.guancha.cn/economy/2022_05_13_639608.shtml。

③ 数据来源于子不语集团的招股说明书。

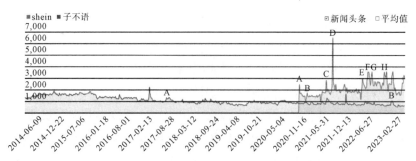

图 3-3　百度搜索指数——SHEIN 与子不语比较

对中国鞋服 B2C 跨境出口卖家来说，SHEIN 是一个强劲的头部对手，而对国际上的快时尚品牌（比如 ZARA）来讲，SHEIN 则是全球快时尚品牌市场中的一个强悍的破坏者。从 Google Trends 网页搜索指数来看，从 2020 年 4 月开始，SHEIN 的热度趋势超过了 ZARA（见图 3-4）。

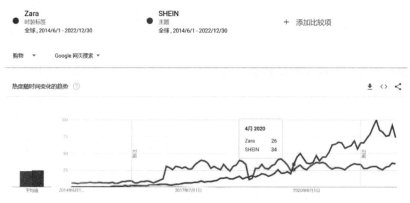

图 3-4　Google 搜索指数——SHEIN 与 ZARA 比较

SHEIN 官方的定义："SHEIN 是一家全球领先的时尚和生活方式在线零售商，致力于让'人人尽享时尚之美'。我们通过按需生产的模式赋能供应商共同打造敏捷柔性供应链，从而减少浪费，并向全球消费者提供丰富且具有性价比的时尚产品。目前 SHEIN 直接服务全球超过 150 个国家的消费者。"

其所说的"敏捷柔性供应链""性价比""时尚"等关键词，也正是全球快时尚巨头——ZARA 赖以生存的核心竞争能力。ZARA 和 ZARA Home 作为 Inditex 集团的核心收入来源，2021 财年（2021 年 2 月 1 日—2022 年 1 月 31 日）的销售额为 195.86 亿欧元，集团的在线销售额为 75 亿欧元。显然，无论是热度还是销售额，SHEIN 已经打破了原有的竞争格局。

零售业态的三大理论

对于零售业态范畴，存在三个非常有价值而且容易在企业实践中使用的理论：进化理论（隶属于环境理论）、零售之轮理论（隶属于循环理论）、手风琴理论（隶属于循环理论），这三个理论可以辅助企业家对生意或者某项行动（比如营销组合）做出可行性决策。

尽管这些理论创立之初是来源于零售业，甚至有些理论研究依据仅来源于美国市场，但基于对多个消费品企业的服务经历和众多消费品企业的研究，笔者发现部分理论对于"to C"企业依然有很强的借鉴意义，企业在采用这几个理论时，将大大提高成功的可能性。从另一个角度讲，这其实有助于企业避免被破坏或者主动成为行业的破坏者。

➤环境理论之进化理论

进化理论也叫调整理论（Adjustment Theory），是杰斯特（Gist）将达尔文的"生物进化论"移植到流通领域，强调环境变化在零售组织结构演变中所起的作用。它是从美国零售商业的实践中总结出来的一种理论假说。进化理论认为，一种零售业态越能适应消费者的特性（民主性、社会性、经济性、文化性）、技术、竞争等主要环境的变化，其生存的可能性就越高。只有最能适应当前零售环境的零售企业才最有可能避免失败。这是一种经济学上的自然选择过程。

零售业态与生物物种具有相似性：一是二者都能正确地把握其产生的时间与地点，其革新或突然变异的边界很清楚。对企业来说，这点是比较容易预知的。二是二者只有适应时代或环境的变化才能生存。这点则需要企业对环境的持续变化有一定洞察能力。

该理论将消费者特性区分为民主性、社会性、经济性、文化性，这将有力地帮助决策者不遗漏而且比较容易通过定性来开展分析。

另外，既然是进化，则不可忽视的是业态之间有一定竞争和依赖的关系，也就是一种业态的存在要依赖于其他业态。马金（Markin）和邓肯（Duncan）提出了生态零售理论，该理论认为不同零售业态之间既有竞争关系又相互依赖。这是对进化理论的一个补充。在零售实践中，我们也能够看到：业态能否健康发展，关键是各业态之间能否达到某种平衡，一旦某个平衡被打破，则必将有新的业态或者进化的业态产生，来形成新的平衡。

当企业在应用该理论进行分析时，可以对被分析对象（可能是某个生意单元，也可能是某个营销组合，比如渠道、定价、传播、产品等）进行消费特性、技术、竞争等的适应性分析，以辅助决策。

➢循环理论之零售之轮理论与手风琴理论

循环理论的各流派都注意到了零售组织在演进以及早期竞争过程中的周期性变化，循环理论以注重组织变化的调查为主要特点。主要的循环理论流派包括零售之轮理论、手风琴理论、零售生命周期理论、真空地带理论和两极化理论。其中可以被企业轻易上手的是零售之轮理论和手风琴理论，而且我认为这两种理论对循环理论有一定概括性。

　　早期的零售业态演变理论是将零售业态的演变视为新旧业态不断交替、反复循环的过程。其中最具影响的是零售之轮理论（The Wheel of Retailing Hypothesis），该理论被认为是对零售机构变革的最权威的解释。零售之轮理论是由哈佛大学教授马尔考姆·麦克奈尔（Malcolm P. McNair）提出。它是迄今为止最为人们熟知的解释零售组织结构演变的一种理论了，其侧重点是阐述零售业中"价格"与"投资效益"的关系。

　　各种零售业态都是由价格诉求转为商品组合诉求，再转为服务内容诉求的反复运动过程。该理论主要用以说明新业态是如何进入市场，以及如何向旧业态挑战的。企业可以结合竞争战略来考量自己的生意是否具有可接受的收益性以及是否有竞争性。

　　历史上百货店、连锁店、超级市场、折扣商店等零售业态一开始都以低毛利、低价格作为竞争手段进入市场，之后随着发展需要，逐步扩充各种商品组合或服务项目内容，价格也随之提高。

　　但是发展中国家的超级市场和其他现代化商店、美国的郊外购物中心、日本的便利店等都是面向中、高收入阶层，以高价格进入市场的，并不符合零售之轮理论中创新型零售业态都是以低价格开始进入市场的条件。这是零售之轮理论无法解释的现象。

　　赫兰德（S. C. Hollander）借助手风琴在演奏过程中重复地被张开和合起的现象，描述了零售组织结构的演变过程。零售组织提供的商品组合由宽变窄，再逐渐由窄变宽，就像拉手风琴一样。"在整个零售业发展历史中，似乎具有主导地位的经营方法存在着交替现象。一方面是向单个商号经营商品的专业化发展；另一方面是从这一专业化向单个商号经营商品的多元化发展。"手风琴理论说明商品组合的变化比价格更能体现业态的演化，而百货店、专业店、购物中心的出现都符合该理论。

但是零售业态的变迁过程，并非像零售手风琴理论所描述的那样，是"综合化——专业化——综合化"的反复交替。事实上，综合化与专业化是同时并存的。这为企业商品组合的定位提供了一个参考路径。

每一种零售业态都是构成现代商业零售体系不可缺少的部分。它们各具特色，有着明确的分工和特定的市场定位。更为重要的是，这种动力目标的突出往往会造成新业态的产生是追求"利润最大化"而产生的改进，而忽视了消费者的需求。

笔者认为零售之轮理论应该放进某个消费群体边界中，而且"价格"应该扩展成消费者"购买总成本"，当某个零售组织可以针对某个具有一定消费规模的群体，降低消费者获得该产品或者服务而花费的"购买总成本"，则说明该零售组织是有竞争力的。如此，零售之轮理论就能很好地解释发展中国家的超级市场和其他现代化商店、美国的郊外购物中心、日本的便利店等以高价格进入市场的现象。

本章精要总结

关键词：头部虹吸；未知破坏

与明牌和盲盒双线作战！

如果你的企业不是行业的头部企业，显然你将面对一个或者少数几个头部企业的巨大压力。即使这些头部企业给你明牌，你也往往心有余而力不足，更何况这些头部企业就像一台台虹吸装置，持续吸入优势资源，进一步压缩行业的生存空间。如果你期待这些头部企业被瓦解，这是徒劳的，因为你自己很可能在头部企业瓦解之前就已经倒下。

另外，企业也可能面对随时出现的未知的破坏行为，就像面对一个盲盒！而这个盲盒又是一个必然，因为你所面对的这种企业行为正是一些和你一样的企业或者其他一些要素聚合形成的企业打破格局的结果。

总体判断是，企业要面临的不是一个静态的"二八法则"，更大的可能是不断壮大的"二"和不断突变的"八"。如此环境下，唯有冷静下来，回归生意本身，找到自己的道路！

第二部分

选择：价值重建的三个层级

价值重建的三个层级

成长方向再选择

产业角色新规划

商业模式重塑

第四章

成长方向再选择

变局时刻

　　某个服饰零售商，旗下拥有多个类别的头部品牌的区域代理权，其专注为这些品牌做直营零售，之后分别经历过扩展门店规模、尝试电商销售、跨界扩大品类、发展自有品牌等，但都折戟而归。这家企业的折戟，是业务发展本身的失败还是道路选择上的失败？

　　保持成长是每个企业的天性，也是企业抵御风险的一种重要选择，但到底该向哪些方向寻求成长路径呢？这些选择有没有体现竞争意愿和竞争能力呢？实现成长的关键点又是什么？

　　存量时代、消费者意识觉醒、经营要素被颠覆、头部虹吸效应以及可能不断涌现破坏者，企业正身处这样的一个时代！我们要清楚，无论从哪个方面看，这不是一个悲观的时代，悲观只来源于企业内部的放弃。相反，只要认清了这个时代的变化，保持正确的成长路径和成长企图，这个时代是一个充满无限可能的时代！

　　因此，在这里，笔者特别要举一家年营业收入小于 5 000 万元的小企业的例子，因为在这家企业身上，我看到了它的努力，而且是正确的努力！这种努力正在稳健地重塑着它的未来！

环境检测仪器行业也许很多人并不熟悉，因为这个行业很少公开出现在大众面前，然而，这个市场依然竞争激烈。行业巨头、区域"地头蛇"、"皮包公司"都在这个行业混战，产品制造商和贸易商交织。混乱的格局，特别是销售渠道无法被把控的情况下，很容易造成利润不足、业务不稳定的现象。AST 就是身处该行业，并且活得比较"滋润"的一家企业。

首先，AST 对自己有一个清醒的认知，并且做了正确的选择，这是一个边界的选择：一是集中优势力量聚焦"长三角"地区的市场（地理）；二是为在线环境监测提供方案规划、仪表研发与供应、仪表运营维护服务，实现在线环境监测闭环（产品）；三是成为具有价值创新的差异化的环境监测仪表的销售商和品牌商（商业角色）。边界界定后，AST 便努力建设成为这个边界里的头部企业。成为头部企业反过来就强化了其在这个边界里的竞争优势。

另外，为提高竞争能力，AST 需要对产品进行实质意义上的价值创新，从性能、便利性方面来降低客户使用成本。如前瞻性地把握检测仪器的发展方向，实现产品的"免试剂、无耗材、少维护"；打造配套的预处理与自动清洗仪表已成为行业内领先的产品；形成独特的第三方监测仪表的运营维护服务品牌，提高客户维护各类监测仪表的便利性。

为实现可持续的成长，AST 还努力成为"更好的自己"！在产品方面，坚持监测仪表、预处理与自动清洗仪表技术的升级迭代，加深第三方环境监测仪表运维服务流程标准化。在客户发掘与客户关系管理方面，多元化发掘客户，建设多类型客户开发和联系的渠道，优化销售过程，以技术体验驱动销售。在组织运营方面，优化组织结构，引入关键人才，优化薪酬制度，提高薪酬竞争力，推动销售、运维工作的标准化和流程化，实施 OGSM 管理①，解决战略落地。

　　显然，这个不起眼的小企业为我们勾勒了一个堪称完美的成长方向：成为某个边界里的头部企业、充当一个破坏者、做更好的自己。也许不是每家企业都能同时做到这三点，但至少你可以而且必须做到其中的一点！

第一节　成为某个边界里的头部企业

　　我们已经很清楚，成为某个边界里的头部企业，将形成"马太效应"，并成为这个边界里最可能赚钱的企业。记住，成为头部企业是企业追求的终极目标，如果你不能成为你现在边界里的头部企业，可以调整到另一个更有可能成为头部企业的边界。边界是头部的基础，头部不能脱离边界，脱离了边界就变得毫无意义。很多时候我们总喜欢把边界定义为这个行业，或者说整个产业，比如男装业的头部、互联网零售的头部、市政服务的头部等。这种边界定义没有错，但过于宽泛，而且对于很多普通企业来说很不切实际，所以笔者更建议企业要从更加具象的市场需求出发来定义企业所在的边界。

　　要想清晰地定义边界，可以从四个方面入手：品类、顾客、需求、接触途径。品类决定你的企业提供的是什么类别的产品（包含服务），这个类别是顾客可以简单描述的，并且都有一定具体识别体系。顾客决定了你的企业是为哪些人提供产品的，这可以是统计学意义上的人群，比如青年人群、职业白领女性等，也可以是因共同

---

　　① 一种计划与执行管理工具，OGSM 是由 Objective（目的）、Goal（目标）、Strategy（策略）、Measurement（测量）的英文首字母组成。

心理特征或者有共同需求而形成的人群，比如"社恐"人群、全职妈妈等。需求指顾客需要产品帮助他们解决的问题，或者说产品可以实现顾客想要的结果，如"非用餐时间的能量补充""3千米内的短途交通"等。接触途径决定你的产品是通过什么范围的什么途径开展销售或者建立联系，接触途径具有物理空间属性，如互联网品牌、直销、分销、机场店等都隐含了接触途径。

定义好边界后，必须要弄清楚怎样才能算是头部企业。对外，企业必须具有最高的市场占有率，是市场的首选企业或者品牌，市场占有率越高则对市场的影响力越大，与其他对手特别是第二名的对手差距越大则地位越稳固。对内，企业必须具有可持续发展的能力，即拥有实现客户价值的独特能力，能够持续保持最高的市场占有率。通过建设独特能力来不断扩大市场占有率是成为头部企业的必然途径。

泡泡玛特如何成为零散市场的头部

根据弗若斯特沙利文咨询公司①的报告，按2019年的收入及2017—2019年的收入增速计算，泡泡玛特（POP MART）已是中国最大且增长最快的潮流玩具公司。其中，按2019年零售额计算，泡泡玛特在中国潮流玩具市场的占有率为8.5%。中国国内玩具行业极其分散，缺少实力强大的龙头企业。尽管泡泡玛特距离绝对领先地位还为时尚早，但能在潮流玩具市场达到最高的市场占有率实属不易！笔者梳理了一下其取得如此成绩的五大关键策略。

➤群体的转变与扩大

"潮流玩具市场过去20年都以男性消费者为主，泡泡玛特成功

---

① 弗若斯特沙利文咨询公司，即 Frost & Sullivan，是一家全球化的咨询公司。

的原因之一在于核心消费群体转变为女性，并在接下来仍将以开发面向女性的产品为主；当然男性的品类同样也在增加，如火影忍者、高达的跨界联名等"。这是泡泡玛特内部人士关于消费群体性别比例的一段描述。事实上，我们走访一下它的门店，就很容易就看到面向女性的主打产品占据门店的黄金陈列位，从橱窗到货架和互动区都是如此。作为核心 IP① 的"Molly②"，以及"DIMOO""PUCKY"等都是女孩形象。这和在中国市场占有率紧随其后的 Dreams 的代表玩偶——天使男孩"Sonny Angel"，还有 Medicom Toy 的代表玩偶——BE@RBRICK 都有很大不同。女性市场强化了泡泡玛特的潮流属性，也带来了更高的重复购买率。

因为潮流玩具并不是一个大众市场，所以其核心区域聚焦于中国一、二线城市及省会城市，但同时通过自动售卖机来覆盖更多的"零散"市场。这些市场主要集中在非人流聚集区、更下层的市场，这里有更少的人有需求，购买频率也许并不高，但泡泡玛特通过更低的运营成本覆盖了这些市场。

毫无疑问，女性市场和全国多层次城市的覆盖，这两点为泡泡玛特奠定了规模基础。

➤对"供应"的集中

泡泡玛特诞生之初是经销 Dreams 公司的"Sonny Angel"，理论上，"Sonny Angel"的产品如何就决定了泡泡玛特的生意如何。另外，更关键的是，玩偶是由不同的设计师创造出来的，而这种创造具有不可控性，也就是说，玩偶的"供应"难以控制。潮流玩具产

---

① 网络流行语，Intellectual Property 的简称，指文创领域成名的"知识产权"。

② 与其他"IP"相比，"Molly"的营收占比最高，2022 年为 17.4%，最高时在 2018 年，营收占比超过 40%。

业在上游就十分零散，因此，泡泡玛特从上游就进行了集中，这个集中加固了其竞争护城河。

截至 2020 年 6 月 30 日，泡泡玛特共运营 93 个 IP，包括 12 个自有 IP、25 个独家 IP 以及 56 个非独家 IP，并且持续推出新 IP。比如，2020 年上半年推出 16 个新 IP，更是持续与超过 350 位艺术家保持紧密关系，来确保新 IP 的创造机会。除了 IP 产品，泡泡玛特还在 2022 年成立了专注于衍生品的共鸣工作室，该工作室在成立的当年就推出了 8 个产品。可以说泡泡玛特的运营是围绕 IP 展开的。

➢对渠道的全覆盖

零散市场渠道的典型特征是消费者购买途径很多，而且单店营业额较少。但泡泡玛特通过不同的渠道形态实现了销售渠道的全覆盖。公开资料显示，以中国内地市场为例，截至 2022 年年底，泡泡玛特的销售和经销网络主要分为 5 大类：其一是零售店，包括一线城市 123 个、新一线城市 95 个、二线及其他城市 111 个；其二是机器人商店，包括一线城市 559 个、新一线城市 634 个、二线及其他城市 874 个；其三则是天猫旗舰店、京东旗舰店、泡泡抽盒机以及其他线上渠道；其四是北京国际潮玩展和上海国际潮玩展；其五则是批发渠道，包括国内和海外的经销商。

从渠道销售贡献占比看，泡泡玛特抓住了渠道迁移的机会（见图 4-1）。泡泡玛特的线上平台是增速最快的一个渠道，由 2017 年的 9.4% 增至 2022 年的 41.6%。

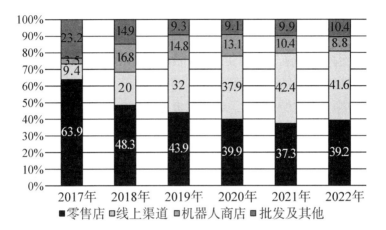

图 4-1　泡泡玛特各渠道营收占比

（资料来源：泡泡玛特公司年度报告）

➤对传播的集中

零散市场如果不能集中，那就通过信息交互来集中。除了商业化推广和运作以外，泡泡玛特于 2017 年 9 月在北京举办了国际潮流玩具展，这是中国大陆地区首个大型潮流玩具展会；2018 年 4 月在上海举办国际潮流玩具展；2021 年更是成立了艺术推广机构——Inner Flow。尽管展会的销售功能微不足道，但其传播价值很高，而且通过展会连接了消费者和设计师，消费者因为体验佳而自发传播，设计师因为聚集效应出现在市场面前。除了行业级别的展会，还有一些补充性的专业讲座，如与中央美术学院联合举办的潮流玩具讲座。尽管还不能说泡泡玛特已经做到了对信息交互的集中，但这些方式还是很有价值的。

> ➤ **聚合资本的力量**

首次公开募股（Initial Public Offering，IPO）前，泡泡玛特背后的主要机构投资方包括创业工场、红杉中国、正心谷创新资本、华兴新经济基金、黑蚁资本、蜂巧资本等。仔细梳理一下，可以发现泡泡玛特的发展进程和资本的入驻有强关联性，无论是总体营收、自主IP的推广和发展，还是业务关键事项等都和融资保持着相一致的节奏（见表4-1）。

表4-1　泡泡玛特的融资与发展事件

年份	关键融资事件				关键销售事件		关键推广事件		营收高增长节点
	披露月份	融资类型	融资金额	投资方	月份	关键销售事件	月份	关键推广事件	营收额
2010年					11月	第一家门店在北京欧美汇购物中心开业			
2011年	1月	天使轮	数百万人民币	创业工场、墨池山创投					
2013年	5月	Pre-A轮	数千万人民币	墨池山创投、启赋资本					
2014年	5月	A轮	数千万人民币	金鹰商贸集团					
2015年	1月								
	7月	战略融资	未披露	凤博投资、国睿中青创投		在北京王府井apm购物中心推出全新lifestyle概念旗舰店			
2016年					6月	正式入驻天猫商城，潮流玩具社区电商平台葩趣APP正式上线		2006年就诞生的明星IP形象Molly开始量产和推广	
					7月	首家IP店落户上海港汇恒隆广场			
	9月	B轮	未披露	金慧锋投资等					

表4-1（续）

年份	关键融资事件				关键销售事件		关键推广事件		营收高增长节点
	披露月份	融资类型	融资金额	投资方	月份	关键销售事件	月份	关键推广事件	营收额
2017年					4月	推出自助销售终端设备机器人商店			1.58亿元
							9月	举办北京国际潮流玩具展	
2018年	3月	定向增发	4千万人民币	黑蚁资本、蜂巧资本、华强资本、在册股东		开始布局海外市场			5.15亿元
							4月	举办上海国际潮流玩具展	
2019年	5月	股权融资	未披露	中赢控股集团					16.83亿元
2020年	4月	战略融资	超过1亿美元	华兴新经济基金、正心谷创新资本	9月	首家海外直营店在韩国首尔开业			
2021年						运营海外电商平台及独立站，开始更多的海外店铺		海外社交媒体的推广；参加国际潮玩展	44.91亿元

➤下一个边界能否成功

可以用这些词语来定义泡泡玛特现在的赛道边界：潮流玩具、零售、线上线下融合、年轻潮流女性。其中最关键的是品类词语——潮流玩具（或者潮流玩偶），这应该是消费者心智上的品类认知。这一点我们可以用搜索型电商——天猫的"玩具"归类来佐证：到2021年，泡泡玛特连续三年成为天猫"双十一"玩具类目的销量第一名。

但显然，泡泡玛特并不满足于潮流玩具这个边界。"中国领先的潮流文化娱乐公司""潮流玩具全产业链的综合运营平台""立志成为中国的泡泡玛特，第一个 Pop Mart Land 将在北京建立"这些关于公司的定义都暗示着其更大的边界。

新的边界意味着新的赛道，要成为新赛道的领先企业还有很长的路要走，因为那意味着要加入新的竞争。即使是在潮流玩具行业，竞争对手也紧迫其后，泡泡玛特并没有形成绝对的不可逾越的差距。根据弗若斯特沙利文咨询公司的数据，泡泡玛特、Dreams（日本）、MedicomToy（日本）、52Toys、十二栋文化这几家公司在 2019 年的中国潮玩行业市场占有率分别为 8.5%、7.7%、3.3%、1.7%、1.6%。而且新的零售商也正在加入这个赛道，可怕的是这些新加入者也有很大的可能以更高的效率从零售渠道、资本、上游 IP 这些领域撕开一个口子。这也许是泡泡玛特想扩展边界的原因之一。

第二节　充当一个破坏者

在开始本节内容之前需要明确："破坏者"并不是那些"唯流量论"的、背离商业价值的、靠资本补贴的"破坏者"，这里的"破坏者"是一个积极的词语，它并不意味着不计后果地冲击现有市场，而是真正意义上对原有市场的价值创新！"破坏者"并不意味着一定要成为领域里的头部企业，尽管完全有可能成为头部企业，但其更偏向于价值创新。如果说成为头部是一个结果，则充当"破坏者"更像是实现头部企业目标的过程，而且更为重要的是，这让企业回归到价值创造的根本，这其实也是企业存在的价值。在这里笔者为大家总结了三个途径来实现"破坏"的目的。

➤重构现有市场

重构现有市场其实是通过对顾客价值的重组或者革命来实现的。对此，企业有两个途径：一是实现顾客价值叠加，二是破坏性地降低成本。

　　叠加顾客价值指的是企业向顾客提供产品时缩短服务距离、提供更多有价值的产品、或者在更长的价值链条上提供产品，而且这些价值叠加需要能显著地被顾客感知到。当然，并不是所有的叠加都要采用。

　　破坏性地降低成本顾名思义是成本被极大限度地降低，如手工被流水线代替、个性化被标准化代替都是如此。在这里，成本是广义的成本，包括顾客的获得成本和使用成本，获得成本则是包含了供应方的生产成本和合理利润，也包含了顾客取得该产品使用权或者所有权的过程成本。比如，可口可乐实现密集分销，则顾客在家门口的小店就可以购买到可口可乐而不用去 3 千米以外的大卖场购买，这就降低了顾客的获得成本。又如，当实现线上购物送货上门时，顾客坐在家里就可以收到可口可乐，如果到家的物流成本低于顾客节省的时间成本，则依然是降低了顾客的获得成本。

➤发掘并扩大新机会

　　各个市场总是有可能存在一些未被满足的需求，这些需求一旦被激发，将实现爆发性的增长。这种需求可能性在如今的混沌时代更加明显，满足爆发性的需求是成熟企业和新加入者共同的机会。比如，20 世纪末和 21 世纪初的无线市话——"小灵通"，它填补了不可移动的座机市场和昂贵的移动电话市场之间的空白。中国市场最高峰时小灵通用户达 8 000 万，UT 斯达康公司成为头部企业，也为当时没有移动通信拍照功能的中国电信和中国网通弥补了市场空白。中国大众的"跑步"风潮为不是第一梯队的体育运动鞋服品牌特步找到一个运动项目载体。美国斯凯奇（SKECHERS）通过激活步行市场，在美国运动鞋市场"杀"出一条道路。

> ➤ 建立竞争支撑

企业要保证自己的"破坏力"，必须在核心的竞争要素上能够锁定竞争优势，此途径可以借助"蓝海战略"模型来和竞争者比对，并找到核心要素，努力在这些要素上建立优势。比如，美国的西南航空公司应对美国其他的航空公司采取的竞争策略是友好服务、更快的速度、频繁的点对点直航起飞班次；而在中国，春秋航空公司则利用起飞时间、周边机场起降、牺牲座位空间和提供优质服务来获得价格优势。

下面我们可以剖析两个实例来思考如何成为行业的破坏者。

调色师能否成为一个破坏者

借助阿里巴巴资本和技术的力量，KK 集团旗下的彩妆集合店——THE COLORIST 调色师来势汹汹！据新闻报道，在 2019 年 10 月问世的 THE COLORIST 调色师在 2020 年 1 月开齐 50 家门店。这些门店基本覆盖了中国排名前 20 的城市，选址也集中在这些城市的热门商圈。比如，一线城市里的北京新中关、上海环球港、广州万菱汇、深圳金光华等业内公认的标杆商场；二线网红城市中如西安赛格、杭州湖滨银泰、成都金牛凯德、重庆观音桥大融城、长沙国金街、南京北江印象汇等标杆商场。

THE COLORIST 调色师是挑战传统美妆集合店市场（如丝芙兰和屈臣氏）的破坏者吗？"THE COLORIST 调色师将全球优质彩妆品牌（海外：国潮=6.5：3.5）与消费者连接起来，以'大规模集合+快时尚速度'的迭代模式为 14~35 岁（占比 80%）的'Z 世代'提供'高品质、个性化、设计感'的精选产品和美学体验。""THE

COLORIST 调色师成为全球平价轻奢彩妆品牌入华第一入口。"各大媒体新闻稿中的这些文字其实基本把 THE COLORIST 调色师的定位、模式、愿景都表达清楚了。

很显然，无论是为年轻的消费者提供更多的品牌、更平价的品牌，还是其试图拉近和消费者对话的距离，在购物中心开店，并拿出超过 15% 的亏损成本补贴消费者 100% 的试用体验，优化顾客购物流程等，都是叠加了顾客价值，也降低了顾客获取优质产品的综合成本。集合店的诞生正是在彩妆需求蓬勃发展之际，这也是化妆品行业的消费群体从"70 后""80 后"转移到如今的"90 后"之时。自我意识觉醒带来新的消费机会，过往老牌知名品牌长期垄断市场的情况变化了，现有市场允许更多重个性、重质量而非重品牌的"破坏者"存在。THE COLORIST 调色师正是在需求、成本、价值三个角度实现其"破坏者"角色。

集合零售毕竟是一个成熟的商业模式，新的消费群体、上游的品牌、零售店所在的购物中心都无法形成独占优势，而销售流程又很容易复制，还有中国不同城市级别的存在导致事实上已经存在多样的、分散的集合店，因此必须清醒认识到，这种"破坏力"能否持续保持，取决于 THE COLORIST 调色师未来能否系统性地锁定竞争优势，特别是其中的科技、资本、媒介三大要素。获得资本青睐的美妆集合——HARMAY 话梅、名创优品推出的彩妆集合店——WOW COLOUR，甚至是美团针对彩妆业提出的数字解决方案等，都是 THE COLORIST 调色师未来需要面对的挑战。

斯凯奇的崛起与挑战

在美国市场，斯凯奇（SKECHERS）的市场份额于 2016 年一度超过了阿迪达斯①，成为美国第二大运动鞋品牌。当然，耐克依然是无可撼动的行业霸主，美国市场出售的运动鞋中大约 62% 都是耐克品牌。斯凯奇 2021 财年销售收入 62.9 亿美元，远低于耐克的 444 亿美元，但斯凯奇的同比增速为 36.7%，远远大于耐克 5% 的增速。

斯凯奇的崛起反映了一个新的消费趋势——人们开始偏向于购买更便宜的运动鞋，这是因为人们事实上可能不会真的穿着昂贵的专业跑鞋来跑步，步行市场被斯凯奇激活了。这个大势是斯凯奇崛起的基本环境。

从竞争角度看，斯凯奇的鞋类标价为 50~70 美元，以"酷"和"价廉物美"为主要卖点，这是其他竞争对手所没有的优势。"酷"和"价廉物美"支撑起斯凯奇对"运动休闲"的定义，这帮助其从市场中脱颖而出。

1992 年，斯凯奇借樵夫靴潮流和摇滚音乐的流行，开始走出加利福尼亚州的海滨，设计、策划、营销斯凯奇美国运动男士特种实用鞋。此后，众多巨星成为其代言人，如好莱坞巨星罗伯·劳（Rob Lowe）和马特·狄龙（Matt Dillon）、瑞克·福克斯（Rick Fox）和小罗伯特·唐尼（Robert Downey Jr.）、"美国偶像"得主大卫·库克（David Cook）、美国超级橄榄球球星乔·蒙塔纳（Joe Montana）等。

除此之外，斯凯奇还开发了个性化的休闲鞋，如 Shape-ups 塑身鞋系列。斯凯奇占有美国塑身鞋市场 80% 的份额，这也是斯凯奇挑战大众市场的关键策略。2010 年，斯凯奇签约美国社交名媛金·卡戴珊（Kim Kardashian）及其母亲克里斯·詹娜（Kris Jenner），为其全世界范围内通过多种平台方式推广 Shape-ups 塑身鞋系列的合作伙伴。

———————————

① 根据零售市调公司 NPD 集团的数据，2016 年前三个月，斯凯奇在美国运动鞋市场的市场份额为 5%，阿迪达斯为 4.6%。

在中国市场，斯凯奇依然保持其请明星代言的品牌传统。从 2017 年开始，斯凯奇签约了大量时尚明星代言。2018 年，中国市场的销售额已高达 141 亿元人民币（耐克大中华地区的销售额为 51.34 亿美元，其间差距远小于美国市场的差距），超过斯凯奇全球总销售的 4 成。据公开资料，截至 2022 年 6 月，斯凯奇在中国有近 3 000 家门店。中国市场已然成为斯凯奇美国总部以外的最大市场。

中国市场变化非常快，也非常复杂，斯凯奇始终保持着快速的应对能力。比如，斯凯奇的中国设计团队有 60 多个人，就为了专门配合中国的快速反应。斯凯奇的决策链条远远短于一些国际品牌，这些国际品牌开一家店可能需要一年的时间和总部讨论。

在渠道开拓方面，斯凯奇也保持着灵活的方式接力有资源的品牌。比如，2015 年，斯凯奇开始和奥康合作，尽管并没有达到预期开店目标，当这种渠道合作策略被保留下来了。2019 年 12 月 1 日，斯凯奇与雅戈尔宣布合作，探索合作开店的新零售模式。该合作目标直指超级大店，斯凯奇需要和中国有零售资源及丰富经验的公司合作，雅戈尔成为其选择。

而规划面积在 1 000~3 000 平方米的超级大店，计划新开的目标是中国国内三、四线及以下城市市场，这正是其下沉市场策略。"不同于一线城市的购物中心众多，同一个购物中心可能会开好几个不同类型的斯凯奇门店，三、四线城市可能只有一两个购物中心，因此超级大店会更符合当地消费习惯和商业模式，将是下沉的重要载体"[①]，这是斯凯奇下沉策略的判断依据。斯凯奇的目标是到 2026 年，在中国内地再开两三千家门店（包含所有模式店铺）。

但是，这些下沉市场大部分份额已经被包括安踏、特步、李宁、

---

① 新浪财经：《斯凯奇中国 CEO：明年将增近千家门店 加速扩张三四线》，https://baijiahao.baidu.com/s? id=1647988268255068809&wfr=spider&for=pc.

匹克、361 度等国内品牌占据，外加李宁等引领的国潮风的压力，原有的相对于耐克和阿迪达斯的两大优势——"酷"和"价廉物美"被大大削弱。尽管斯凯奇的价格介于国内品牌和其他国际品牌之间，但市场其实已经发生变化，也许斯凯奇把自己定位成一个高端国际品牌更能奏效，因为其要挑战的目标已然不是耐克和阿迪达斯了。可以说，斯凯奇过往的成功是在合适的时机运用了正确的策略挑战了正确的对手，如今，在三四线城市，这三个要素正在发生变化。

第三节 做更好的自己

很多时候，企业并不能成为头部企业，也不能对外部世界进行革命性"破坏"，那么可以在现有生意的基础上做得更好，心无旁骛地优化企业自身各方面，也就是"做更好的自己"。这不是"阿Q"精神，而是回归企业的初心，为实现初心而努力做得更好。当知"不积跬步无以至千里"，内功做好了，方能把握时机，东山再起。要想做更好的自己，一条途径是选择正确的方向坚持下去，另一条途径是对自己做的事情进行创新，并且坚持下去。

为了做得更好，企业完全可以按照自我创新的思路来做。我们可以借鉴经济合作与发展组织编著的创新调查指南——《奥斯陆手册：创新数据的采集和解释指南》，该指南提出：创新是在商业实践、工作场所、组织结构或外部关系中新的或有显著改善的产品（物品或服务），或流程，或新的市场方法，或新的组织方法的实施（见图 4-2）。很显然，产品、流程、市场方法、组织方法是企业入手的四大方向。

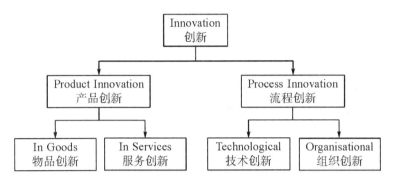

图 4-2　创新的架构

　　即使不能规划宏大目标，也要设定小目标，按部就班地实现这些小目标，按照 PDCA① 理念，当目标达成以后，再另行设定新的目标，继续采取行动，持之以恒。在产品方面，可以提升产品体验，提高产品生产和供应效率；在流程方面，可以在流程节点、流程作业方法工具、流程效果等方面持续优化，提高流程价值；在市场方法方面，可以依市场而动，不断提高顾客沟通和销售的效率；在组织方法方面，让组织符合和引领战略，完善组织管理方法，提高组织效率。企业所采取的行动需要明确自己的边界，不可好高骛远！

百丽能否涅槃

　　在上市 10 年之后的 2017 年 7 月 27 日，曾经的"鞋王"百丽国际控股有限公司（以下简称百丽）正式宣布退出香港联合交易所。自 2014 年以来，业绩连续暴跌，以及随后出现的"关店潮"，是促使百丽退市的直接动因。来自欧睿（Euromonitor）和华泰证券研究

① 计划（Plan）、实施（Do）、检查（check）、处理（Act）的首字母组合。

所的数据显示：百丽女鞋业务的市场占有率在 2013 年年中一度到达顶峰，为 13%，此后逐年下滑，到 2018 年市场占有率仅为 6.4%。

2017 年 7 月 28 日，高瓴集团、鼎晖投资牵头的资本财团，宣布将以 531 亿港元私有化百丽，而百丽 2007 年上市初期的总市值超过 670 亿港元。在港交所上市的百丽国际市值一度超过 1 500 亿港元。百丽的两位创始人——董事长邓耀和 CEO 盛百椒宣布出售百丽全部股份。

鼎盛时期的百丽在中国有着国内最大的鞋业零售网络，它主营 17 个鞋类品牌（其中 12 个为自营品牌）和运动、服饰品牌，还代理了耐克、阿迪达斯、Sly、Moussy 和 Replay 等品牌。但正是这个百丽曾经一度引以为傲的零售网络拖了它的后腿，电商和购物中心等新生渠道分流了百丽占优势的百货渠道。此外，女鞋品牌的竞争也在加剧，消费趋势的快速演变也让百丽变得很不合时宜。

高瓴集团认为百丽的问题不在于产业内部，而在于业务模型的重新构建以及引入新的高科技元素。2017 年，百丽国际启动了品牌重塑升级和全面数字化的战略转型，在产品设计、形象塑造、内容创新、店铺终端体验方面做了很多新的尝试。而在数字化战略转型方面，更是从趋势端和设计端，到供应链和生产制造端，直至零售终端，进行了全链条的数字化转型。

百丽国际鞋类事业部及新业务部总裁盛放在接受媒体采访时说："我们重新定义了未来的核心竞争力。首先，是从原有的零售驱动，向品牌加零售双核驱动转型，用时尚与科技赋能和升级集团及品牌的各个环节业务。其次，是由线下零售网络最大化，向全渠道零售网络最大化转型。最后，我们将从时装女鞋的快速反应供应链，向全品类的快速反应供应链，乃至上游原材料的快速反应供应链转型。"百丽产品运营的方式依然保持原先的做法，按计划总量先开发

100 个 SKU，剩下的每周通过测算、捕捉潮流趋势再设计，小批量投产测算后，剔除反响平平的产品，接着重新设计，完成迭代，最终形成货品"订补迭"模式，即首批订单、补单、迭代，其分别占比 40%、30%、30%。这个过程依赖完善的科技能力。在销售渠道上，百丽通过与不同的线上平台合作，设立线上专柜，利用线上店铺共享品牌整体库存。

在数字化转型之际，尽管百丽在不断缩减门店数量，也开始重视电商渠道，但庞大深入的线下零售网络覆盖能力和快速响应的供应链能力，依然是百丽的核心竞争力之一，尤其在新零售模式下，曾经被视为负担的门店如今将成为构建新零售体系的重要一环。百丽拥有 13 000 多家女鞋门店，7 000 多家运动鞋服门店，且实现了全面自营、管理、掌控，在中国乃至全世界都应该算是顶级的零售网络。在线上流量获取成本越来越高，流量入口正从线上向线下转移的时代，百丽的 2 万多家直营店的线下流量入口重新显现价值。

百丽在 2017 年"双十一"取得同比 30% 的增长率，在 2018 年"618"同比增长 41%、"双十一"同比增长 71%。在天猫时尚鞋靴行业前 10 名中，百丽集团旗下品牌占据 5 席，其中，创始品牌百丽 BeLLE 荣登榜首，同比增长 87%，而同期线下销售增长也超过 18%。2020 年在"9·23 百丽国际集团欢聚日"上，百丽宣告时尚鞋类业务线上销售额同比增长 74%，线下销售额同比增长 21.6%，总同店销售同比增长 26.9%。

尽管百丽的改革取得了很大的成绩，但不能忽略的是，事实上百丽的改革得到了旗下的体育用品零售运营和服务商——滔搏国际的有力支撑。运动鞋服正好处在一个高增长阶段，从 2014—2018 年，滔搏国际的平均复合增速为 12%，远高于整体鞋服市场 5% 的水平。2017 财年，百丽运动和服饰业务占比达 54.5%，其经销的耐克和阿迪达斯在中国运动休闲服饰销售排名前两位。2019 年 10 月 10 日，滔搏国际控股有限公司在港交所上市，市值达 527 亿港元。

对于未来，新的百丽有着自己的目标。"我们希望帮助百丽把自身打造成一家零售基础服务提供商，一家有温度的企业。我们只要从这一个专注点不断挖深，就会成为消费者最想要的品牌。"高瓴资本创始人、百丽国际董事长张磊表示："我们要借助百丽和高瓴已有的、不断开拓中的大数据能力，把数据和科技充分应用到消费者的发现、触达、服务中去，把百丽从第一线的销售店铺到总部，都用科技连接起来；在运营层面，我们也要协助百丽建立以数据和科技为基础的管理、决策、分析体系和系统，进一步优化提升运营效率。"

据弗若斯特沙利文咨询公司 2020 年数据，剥离滔搏国际后的百丽时尚的市场份额重回两位数，达 11.2%，位居中国时尚鞋履市场第一。无论百丽最后能否持续走好后续的道路，这都已经证明其正在涅槃的过程中。

本章精要总结

关键词：头部；破坏者；更好的自己

选择正确成长方向！

经营的外部环境已经发生重大变化，"躺赢"的时代已经过去，是时候重新梳理一下企业的成长方向。你可以成为某个边界里的头部企业，也可以充当行业和产业里的一个破坏者，也可以把自己做得更好！

为保持自己的盈利壁垒，成为某个边界里的头部企业是企业的最佳选择，但要实现此项目标，必定需要定义出符合新环境下的有价值的边界，而且这是各种关键要素逐渐聚集的过程和结果。在这个过程中，要么对原有市场进行价值创新，价值创新能帮助企业成为一个"破坏者"；要么回归初心，回归企业为用户提供价值的根本，提高企业创造价值的能力，无论是产品和服务，还是产生产品和服务的这个过程，都可以成为提高创造价值的方向。对大部分企业来说，同时聚集行业优秀的关键要素是很困难的，于是成为一个"破坏者"或者做一个更好的自己将是更为可行的方向！

第五章

产业角色新规划

某贸易企业早年利用国际信息不对称以及各国资源要素的差异，建立了自己强大的国际销售网络，从而成为行业的主要玩家。但过往这些优势随着交通便利、语言便利、网络便利等变化发生逐渐消失，买卖双方已形成"多对多"的态势。该企业曾经"贸易中心"的角色受到极大的挑战，话语权也逐步失去。

该企业能否在新环境下找到自己新的价值？能否从原有优势中找到可持续的优势？这也是摆在很多企业面前的问题：我们现在的产业价值是什么？将来又应该是什么？

在新格局诞生初期，任何行业的企业非常有必要再次思考并决定"我是谁"，这是企业获得财富的基础。企业在所处的产业中选择什么角色是真正意义上的顶层规划，处于变局之中的企业必须拿出勇气再次选择，也应该有站在产业之上进行选择的宏大格局。在"新"概念层出不穷、"风口"阵阵袭扰、资本无序扩张的时代，企业主们更应该沉下心再做一次选择，这是远胜一切的战略，切实地决胜于庙堂、决胜于帷幄。

产业角色决定企业的价值，这个价值可能是针对产业链其他角色，也可能是顾客。企业可以为产业链中充当其他角色的企业提供价值或者为购买价值的顾客提供服务。只要企业贡献了价值，一定可以获得回报。企业所要做的是如何用最经济的成本为服务对象提供其所需要的价值，如果他从你这里获得价值满足而只需付出更少的成本，那么你就能够取得更强的市场竞争力。

通常，企业可以从产业链职能角度思考。产业链职能即你的企业在产业链中，围绕产品交付流程，可以且乐意发挥什么作用，一般有四种角色：原材料生产商、成品制造商、贸易商、服务商。

另外，我们已经知道，在现如今以及可预见的将来，企业层面的企业经营要素（科技、人力、资本、传播媒介、渠道）已经而且持续在发生颠覆性的变化，因此，你也可以从底层逻辑出发，围绕产业要素控制进行角色选择。一般有五种角色可供选择：资源控制者、创造者、信息交互中心与流量入口、金融类企业、物流商。

无论是企业准备选择角色，还是已经选择了角色，一定要围绕企业拥有且可以建立的核心竞争能力对角色进行审视。因此，很有必要进行一次严谨的 SWOT 分析（见表 5-1），这有助于企业更清晰地理解外部环境和内部状况。

表 5-1　SWOT 分析框架示例

一	优势 S (Strengths) 营销与销售：产品组合、定价、广告/促销、产品质量、服务质量、渗透率、销售渠道组合等 产能改变：扩张/收缩、前向/后向整合、收购/合并/剥离、生产水平等 内部效率：成本控制、长期合同、物流支付、客户服务等 纵向整合：收入模型、过程指标等 财务：收入模型、财务指标等 研发：研发能力、研发管理等		劣势 W (Weaknesses) 营销与销售：产品组合、定价、广告/促销、产品质量、服务质量、渗透率、销售渠道组合等 产能改变：扩张/收缩、前向/后向整合、收购/合并/剥离、生产水平等 内部效率：成本控制、长期合同、物流支付、客户服务等 纵向整合：收入模型、过程指标等 财务：收入模型、财务指标等 研发：研发能力、研发管理等	
机会 O (Oppotunities)	SO：发挥优势，利用机会		WO：克服劣势，抓住机会	
	内部分析	外部分析	内部分析	外部分析
政府政策/管理改变：国家政策/地方性法规、生态环保政策、货币供应与利率政策、汇率变化趋势、消费习惯/生活方式的转变等				
需求：替代产品可获得性、产品差异性、市场需求增长率、变更性/周期性等				
供给：生产商集中度、进口竞争、生产商差异性、产能运用、科技运用、进入退出壁垒				
供应链：供应商议价能力、用户议价能力、信息市场失败、纵向市场失败等				

表5-1(续)

	优势 S (Strengths)		劣势 W (Weaknesses)	
	营销与销售：产品组合、定价、广告/促销、进入退出、收购/合并剥离、销售渠道组合等 产能改变：扩张/收缩、渗透率、产品质量、服务质量、生产水平等 纵向整合：前向/后向整合、物流指标、长期合同、客户服务等 内部效率：成本控制、物流指标、过程交付、组织效能等 财务：收入模型、财务指标等 研发：研发能力、研发管理等			
	ST：利用优势、避免威胁		WT：减少劣势、降低威胁	
	内部分析	外部分析	内部分析	外部分析
威胁 T (Threats)				
政府政策/管理改变：国家政策/地方性法规、生态环保政策、货币供应与利率政策、汇率变化趋势、消费习惯/生活方式的转变等				
需求：替代产品可获得性、产品差异性、市场需求增长率、变更性/周期性等				
供给：生产商集中度、进口竞争、生产商差异性、产能运用、科技机遇、进入退出壁垒等				
供应链：供应商议价能力、用户议价能力、信息市场失败、纵向市场失败等				

第一节　承担产业链职能

沿着向顾客交付产品的流程，根据产业链上不同职能距离顾客的顺序从远到近大致可以分为以下角色链：原材料生产商、成品制造商、贸易商、服务商（见图 5-1）。

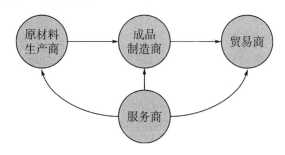

图 5-1　基于产业链职能的角色

很多人有疑惑，这是一种比较基本的角色分类方法，为何要特别进行一次思考呢？舆论中充斥着形形色色的"微笑曲线"的说法，大意都是说品牌商赚取了远远超过生产商的利润。但笔者认为这种将财务上的"制造成本"当作唯一成本计算方式的做法十分幼稚，如果有基本的财务知识或者去看看这些公司的报表，就绝对不会轻易下如此结论！哪怕是现实市场中，专注于服装制造的申洲和专注于手机制造的富士康，谁能说它们在各自的产业链中的地位不重要？当所有人都推崇"重商主义""轻资产"时，其他的事情也总要由企业来承担的，也许这些企业反而会有更大的收获。所以说，在这个浮躁的时代，而且正值格局重塑的时机，企业更应该从原点出发重新给自己的企业进行角色定位，看看自己的企业能够实现什么价值。

　　原材料生产商距离顾客最远，是指在产业链中生产原材料的企业。原材料是指企业在生产过程中经加工改变其形态或性质并构成产品主要实体的各种原料及主要材料、辅助材料、燃料、修理备用件、包装材料、外购半成品等。原料（raw material）一般指来自矿业和农业、林业、牧业、渔业的产品；材料（processed material）一般指经过一定程度加工的原料。原材料生产商要保持竞争力，需要特别注意三个方面：第一是时间价值，即掌控一定时间的市场价格差，除了保持对价格趋势的洞察外，需要有套期保值的能力；第二是和下游买家保持需求和供应的协同，这是解决和顾客距离远的关键手段；第三是技术和材料的创新，这是促使成品发生革命性改变或者优化的手段。

　　成品制造商也称为"成品生产商"，指为终端顾客创造产品的企业。它以原材料（包含自制或外购的组件），经过机器设备及生产工序，制成顾客所需要的产品。因此，它离顾客比较近，或者说直接展现了顾客需求，哪怕成品制造商并不额外承担向终端顾客销售的贸易商角色，这也依然要求成品制造商可以贴近顾客需求。因此，成品制造商的制造能力其实是围绕顾客需求而设立的。比如，无论是大规模生产还是小批量生产，或者是柔性生产，又或是工艺、工序等，都是围绕顾客市场开展建设的，这是成品制造商的核心能力所在。如果是承担直接为顾客创造独有的自有产品，对需求的洞察和满足就变得更加重要。

　　贸易商顾名思义是从事贸易职能的企业角色。贸易，是买卖或交易行为的总称，通常指以货币为媒介的一切交换活动或行为。其活动范围，不仅包括商业所从事的商品交换活动，还包括商品生产者或他人所组织的商品买卖活动；不仅包括国内贸易，还包括国际贸易。企业可能是从事其中的一项或者多项贸易活动。（有必要说明一下，在这里笔者把服务贸易当作服务商的职能。）贸易商的核心能力在于如何维持商品的实际价差。不过贸易商要注意的是，贸易商过去赚的差价实质上是信息不透明下的时间价差和分销价差，而随着信息越来越透明，贸易差价的空间越来越小，就好比一件衣服，我们很容易算出其面料成本、染色成本、印花成本、加工成本等。因此贸易型企业很有必要将实质价差转换成服务费，尽管服务费一般小于原先的贸易价差，但即使是在信息透明的情况下，服务费依然是可以存在的。这符合经济学的规律！如果收益模式变成了服务费，则一定程度上和服务商的职能相同。

服务商包含了那些无形商品的供应，如技术、资金、信息、劳务、物流，以及保险、旅游等，或者是更加广泛的解决方案提供商，如咨询方案、商业设计、广告创作、数据管理等。服务商的服务对象可能是产业链的企业，也可能是产业链最终的顾客。通常服务商面临的难点是技术和知识的管理以及人才掌握，这也是竞争力形成的地方。

产业链长短边界的界定不同可能会影响的角色的定义。比如，在汽车零配件行业，如果将成品汽车制造企业当作最终顾客，则生产发动机的企业可以定义为制造商角色，而不是在成品企业产业链中的原材料商。另外，产业链中角色的复合也经常存在。有些成品制造商除了制造的职能外，通常还承担营销（marketing）及商品流通（physical distribution）或进出口等贸易的职能，此时这些成品制造商同时承担了贸易商的角色。典型的形式就是那些品牌产品的制造商，有些时候也被称为品牌商。这些角色在各自的分销渠道中占据非常重要的地位，贸易职能和制造职能一样重要，甚至更多情况下贸易职能的重要性超过制造职能。到底如何定义自己的企业角色，需要根据你的企业如何保证和能否保证竞争力来决定。

"罗辑思维"的角色选择

"罗辑思维"是罗振宇先生创办的品牌定位为知识服务商和运营商，产品包含微信公众订阅号、知识类脱口秀视频节目、知识服务APP"得到"。"罗辑思维"自 2012 年开播至今，已经累计播出了205 集，在优酷、喜马拉雅等平台播放次数均超过 10 亿人次，2017年"罗辑思维"的利润超过 1 亿元。

公开资料显示，最初"得到"产品的推出得益于"罗辑思维"在迷茫期的探索。2014 年 7 月，"罗辑思维"从卖月饼起，开始了其电商之路，之后产品陆续扩展至文化产品（如书籍等）。那时候几乎新书上线半个小时之内就被抢购一空。当时正是"罗辑思维"的大好时光，仅 2015 年就创造了 1.5 亿元的销售收入。在 2015 年 10月获得 B 轮融资以后，"罗辑思维"重新思考"罗辑思维"的终局究竟是什么。最后思考的结果是："罗辑思维"真正的能力在内容，而不是电商。于是，2016 年 5 月"得到"APP 上线，同时之前不断做加法的"罗辑思维"开始瘦身，并关闭电商导流。2017 年 3 月开始，"罗辑思维"节目全面转移至"得到"APP。

罗振宇先生除了按时更新"罗辑思维"专栏，其另外一个很重要的工作就是找到优秀的知识生产者，并说服其在"得到"APP 上发布专栏。至此，知识的"制造商"和"服务商"成了"罗辑思维"的产业角色，而文化产品的电商贸易角色被砍掉。

如果说罗振宇先生创作的网络视频脱口秀、同名微信公众订阅号以及知识型社群融合形成的"罗辑思维"，是基于对媒体业未来发展趋势的判断而进行的一次先锋试验，那么"得到"APP 则是基于内容电商产业新趋势和自身核心能力盘点后的一次再选择。

申洲国际——非凡的成衣制造

2020 年 1 月初，马威服饰（Maxwin）的全部门店结束营业。这个成立于 2010 年的品牌曾经被认为是申洲从代工（OEM）生产走向自主品牌的一个转折。市场也有消息称马威服饰门店的关闭是受到申洲国际主要客户之一的优衣库的压力，因为马威服饰有点像是"中国的优衣库"。但估计更大的可能是其对经营业务的战略性取舍，因为早在 2016 年，申洲国际就公告出售马威服饰股权。

如果再仔细看一下申洲国际的经营绩效，结束马威服饰（零售贸易商角色）这一看似"逆向"的行动就更加合理。我们可以选取全球新冠肺炎感染疫情暴发前的 2019 年数据来看，申洲国际是中国最大的纵向一体化针织服装制造商，订单量分别约占运动品牌耐克、阿迪达斯以及休闲品牌优衣库总量的 15%～20%。2019 年，申洲国际的毛利率为 30.3%，净利率为 21.9%（见图 5-2）。中国体育品牌代表企业且为申洲国际客户的安踏[①]毛利率为 55%，净利率为 15.75%。同为服装代工的代表企业之一的晶苑国际[②]，2019 年营业收入约 165 亿人民币，其代工的产品更加多样化，包括休闲服、牛仔服、贴身内衣、毛衣、运动服及户外服。2019 年晶苑国际的毛利率为 19.07%，净利率为 6.26%。

作为一家典型的制造业公司，而且处在大家公认的制造业中的不利位置——代工，申洲国际却走出了一条不一样的路。这得益于其最关键的三个方面的努力。

---

① 2019 年安踏营业收入为 339 亿人民币，申洲国际的营业收入为 227 亿人民币。

② 假设以 2018 年的数据来比较，晶苑国际的盈利水平接近于中国服饰纺织行业规模以上企业的平均值（毛利率 15.1%，净利率 5.89%）。

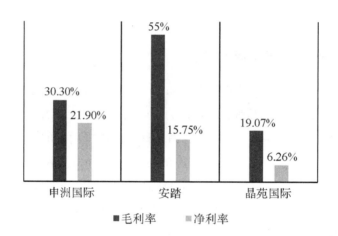

图 5-2 净利和毛利比较（2019 年）

（资料来源：各公司的年度报告）

第一，牢牢把握了"好"市场。申洲国际所处的行业是一个优质的细分赛道，它的商业成功离不开其核心客户的行业发展红利。在业务合作过程中，申洲国际深度绑定行业核心客户，其构筑的产业链地位是很难被取代的。

该公司的运动及休闲两大类业务贡献了超过 90% 的营业收入。运动类产品的收入占比从 2014 年的 61.4%，逐年上升至 2019 年的 72%，是公司的主要收入来源，而且运动类是增速最快的服装品类。公司运动类产品收入从 2014 年的 68.3 亿元增长至 2019 年的 163.22 亿元（见图 5-3），这正好和整体运动服饰市场的增长轨迹是同步的（见图 5-4）。另外很重要的一点是：运动类产品的企业客户主要为耐克、阿迪达斯等国际运动品牌商，具有较高的价格承受能力。

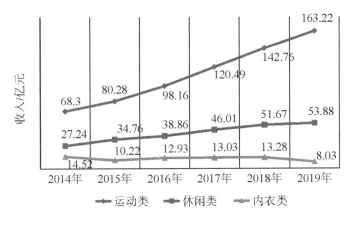

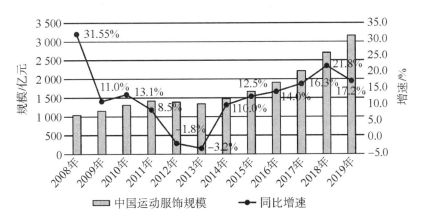

图 5-3　2014—2019 年申洲国际各品类收入情况

（资料来源：申洲国际年度报告）

图 5-4　中国运动服装增长趋势

（资料来源：笔者某咨询项目的研究报告）

第二，通过服装生产制造产业链垂直整合提高经营效率。对产业链垂直一体化整合是申洲国际的基本战略。目前申洲国际主要以成衣代工（OEM）及面料环节的委托设计（ODM）相结合的方式为客户制造针织品。在针织服装的生产流程上可提供面料织造、染色、印绣花、裁剪与缝纫、包装和物流等在内的多种服务，基本囊括了服装生产制造产业链的所有环节，部分环节还提高了自动化生产能力。产业链垂直一体化战略可以避免产业链因分属不同企业而形成的交易成本，也可以提高产业链各个环节的协同性。这些都有助于公司大幅缩短生产周期、提高劳动生产率、全程掌控质量、把握核心环节（如面料研发）、提高订单利润。

第三，从产业布局上降低成本。劳动力成本和土地成本是服装制造最大的成本，而且基本上由市场供应水平决定，不像能源成本除了市场供应价格外，很大程度上可以通过管理和技术来降低，因此这两项成本在很大程度上决定了企业的关键竞争力。申洲国际始终努力保持在劳动力和土地方面的优势。申洲国际的布料生产基地位于中国浙江省宁波市和越南西宁省，除了宁波的制衣厂以外，其他制衣厂分布于中国浙江省衢州市及安徽省安庆市、越南西宁省胡志明市、柬埔寨金边市。中国和海外基地都形成了纵向一体化的生产模式。

申洲国际很好地诠释了在大势基础上进行边界选择的重要性，也在"脱实向虚"的浮躁风气之下展示了优秀制造商角色的价值和努力做得更好的企业精神！

第二节　掌控产业要素

变局中的产业要素更新迭代，也正好触发一次要素的洗牌！要素是创造收益的源泉，故控制要素是企业经营的底层逻辑，如果企业对所掌握的要素控制程度越高，或者越具有排他性，则企业盈利能力越强。从产业要素控制这个逻辑出发，一般企业有 5 个角色可供选择：资源控制者、创造者、信息交互中心与流量入口、金融类企业、物流商（见图 5-5）。

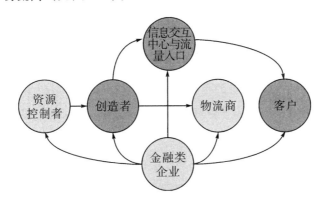

图 5-5　基于产业要素控制的角色

资源控制者是指企业可以在一定程度上支配某个产业中的用于创造财富的物质或信息，除了土地资源、矿产资源、森林资源、海洋资源、石油资源等自然资源以外，人力资源、信息资源，以及其他经过劳动创造的各种物质资源也包含其中。比如"阿尔山"牌的矿泉水拥有阿尔山市矿泉资源，也独占了"阿尔山"这个独特地名资源。

创造者是指可以产出被一定顾客接受的事物的企业。创造者可以把以前没有的事物给产生或者制造出来。不光是实物产品，新的方法、新的理论、新的体验，都是可以创造出来的。比如"鸿兴源"草本火锅底料是"草本"火锅品类的创造者，也是火锅底料消费升级的创造者。

信息交互中心与流量入口是产业中需求方和供应方的聚集地、行业的端口。在这里，双方可以获取相关资讯、信息或服务，以及参与各方的交流和互动，而入口方则负责收集、保存和向相关参与者提供产业的数据、信息。除了我们耳熟能详的社交平台、综合电商平台，以及信用卡 APP，甚至水电煤交费平台，都是或者可以建设成信息交互中心与流量入口。

金融类企业指利用金融手段对现有资源进行重新整合，实现资源跨期配置的企业。金融类企业动用的是"无形之手"，让产业中的各类参与者朝着其设定的目标行动。比如，很多奢侈品电商平台、长租公寓平台、二手车平台背后其实都是金融类企业在支撑。

物流商指从事物流的企业。形成于美国的"物流"概念，原意为"实物分配"或"货物配送"。中国的物流术语标准则将"物流"定义为："物品从供应地向接收地的实体流动过程中，根据实际需要，将运输、储存、装卸搬运、包装、流通加工、配送、信息处理等功能有机结合起来实现用户需求的过程。"互联网的发展让物流变得非常关键，比如零售电商京东长期保持的一个核心能力就是京东物流，一个物流商的角色。

基于产业要素控制的各个角色有两个共同的努力方向：规模化与排他性建设（见图5-6）。这两个方向决定了其核心竞争力！

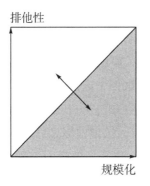

图 5-6　要素控制

共享单车运营企业是一个创造者，创造了"最后一公里"问题的解决方案，但这种服务事实上不具有排他性，所以这个行业理论上会无休止地激烈竞争，直到大家都放弃这个行业，或者各个企业将自己在这个行业的角色转换成新的角色，如信息交互中心与流量入口、金融类企业、物流商。

无论企业做出何种角色选择，都并不等于高枕无忧，反而必须努力提高对要素的控制程度。企业要清醒地认识到，这种控制格局并不会永久保持，因为永远可能出现其他的"破坏者"，所以，企业持续做得比现在更好是至关重要的。

链家的商业角色变化

链家主营二手房业务与租赁业务，抓住了中国房地产市场"存量房时代"和租赁市场崛起的黄金期。"回想链家的发展历程，我们是幸运的，赶上了行业发展的黄金期。"链家创始人左晖先生如是说。尽管链家一直说自己是"房地产顾问"，但从底层逻辑看，链家不单单是"中介服务商"这样的"房地产顾问"。

房地产中介一直依附于房地产行业，不生产任何实物产品，而是通过服务赚钱，但链家却正在改变这一现状。链家在全产业链上的布局带来的角色变化，将会使其掌握更多话语权，并扭转上下游之间的关系。2016 年，融创中国以 26 亿元战略投资链家。融创中国的创始人早年也曾经营中介公司——顺驰。2017 年，在由万科领投的链家 30 亿 D 轮融资时，融创中国又继续参投。两大以房地产开发为主业的公司入股链家，说明房地产中介行业正在发生巨大的变化。

链家成为产业资本的目标的根本原因在于：链家在房产市场的角色已经发生了很大的变化，从单纯的地产中介服务商过渡到信息交互中心与流量入口、资源控制者、金融类企业的多角色共存，这有助于其实现或者正在加强对产业要素的控制程度。

➢建设信息交互中心与流量入口

无论是创始之初创建的"房地产个人购房房展会"，还是对线下其他品牌网点的收购，再到链家网的上线，以及后来将链家网升级而成的"贝壳找房"，链家一直在构筑房地产供应方和需求方的信息交互中心和流量入口。

2000 年 8 月，左晖先生成立了北京链家房地产展览展示中心，并与《北京晚报》合作，首次创建"房地产个人购房房展会"。据其回忆，那时"人们从四面八方蜂拥而至，会场甚至一度失控"。也许那个时候的房展会的初衷是"促成交易"，但事实上也是个"信息中心"。

2001 年 11 月，北京链家房地产经纪有限公司诞生，第一家门店"甜水园店"开业。从 2005 年开始，链家有了第一次的快速发展，从 30 家店面做到 300 家店面。由于房产中介店面的零散性特征，市场存在众多"品牌"和"无品牌"的店铺，链家要成为"中心"，必须要具备比其他对手更大的门店规模。从 2014 年开始，链家开启"走出北京"的战略，先后收购、合并了上海德佑地产、北京易家地产、深圳中联地产、杭州盛世管家、北京高策地产、广州满堂红和成都伊诚地产。到 2017 年 6 月链家拥有 8 000 家线下直营店，覆盖全国 28 个城市，拥有 13 万员工，年房产交易额超过 1 万亿元。

在搜房网从一家信息公司转型成了一家中介公司，以及后来的信息分类网站——58 集团对房产信息入口的垄断等刺激下，链家开始数字化转型之路。2015 年 6 月，链家举行战略发布会，将"链家地产"正式更名为"链家"并发布新 LOGO——"Lianjia. 链家"，此前，链家网已经上线。

2018 年，链家升级推出"贝壳找房"。"贝壳找房"的目标不仅仅是打通线上线下，更大的目标是掌握销售渠道，这不但对其他房地产中介公司构成威胁，也对长期垄断分类信息市场的"58 同城"构成威胁（"58 同城"曾经以 2.67 亿美元收购房产信息平台——安居客）。当中国的房地产市场由过去的开发商占据绝对强势的时代发展到"存量房时代"，谁掌握了销售入口，谁就会对市场产生更大的影响力。

> **➤想成为资源控制者**

链家正在通过"高质量的数据、信息和内容"逐渐实现对房源和客户资源的"控制"。链家通过收购掌握了大量的经纪人和房源，同时将全国 36 个重点核心城市的 8 000 万房源信息，近 1 200T 的数据收录于其"楼盘字典"中。链家的"真房源计划""楼盘字典"、大量收购房地产中介、分拆自如公寓、启动德佑加盟，以及推出"贝壳找房"等手段，都是为了更好地控制房源。

新入局的"互联网派"房产中介平台，如 58 同城、赶集网、安居客、房多多、搜房网以及爱屋及屋等，无论是现在还存续或者已经不在了的，都是期望通过掌握房源来"革命"传统线下的房地产中介。那些负责房源的获取、登记、审核、信息更新以及维护的经纪人却是链家可以解决而"互联网派"没法解决的事情。合理维系数百万经纪人也就维系了房源。

2018 年链家推出的"贝壳找房"正是通过聚合房地产中介门店来实现其掌握房源的目的；通过"贝壳找房"这个平台，来实现对终端门店以及经纪人的控制。与"58 同城"的所有人都可以发布房源的模式不同，"贝壳找房"并不是一个开放式的平台。"贝壳找房"是先邀请了 400 家品牌公寓入住，并将链家的所有房源导入"贝壳找房"，而后想要加入"贝壳找房"则必须加入链家旗下的"德佑"体系。链家通过控制房源获得筹码，通过交换筹码吸引更多的房源加入，最终形成了一个强管控的 MLS[①] 平台。

➤金融的巨大吸引力

2016 年 2 月 23 日，在上海市消费者权益保护委员会（消保委）召开的上海市房产中介消费者满意度调查发布会上，链家因房源问题被点名批评。上海市消保委责成上海链家解决两起交易纠纷，在这两起纠纷案例中，链家涉嫌隐瞒交易房屋的真实情况，将处于抵押贷款状态下的房屋挂牌出售，同时还提供高息贷款服务。这也让公众目光聚焦到"链家金融"业务，受这次"2·23 事件"影响，链家理财相关产品下线。

据链家金融披露的消息称，2016 年链家金融收入 20 亿元，贡献了 5.9 亿元毛利，利润率达到了惊人的 30%。金融板块一直是链家

---

① Multiple Listing Service，即多重上市服务系统。是一种房地产营销方式。

的一个重要业务。早在 2005 年链家就成立了金融服务中心，2014 年链家理财上线，2018 年设立贝壳金控。2011 年 5 月 24 日正式启动并于 2016 年 5 月"独立"的长租公寓业务——"自如"，也自然伴生着"租金贷"。

尽管链家从各个方面入手，围绕房源和客户进行产业要素的控制行动，但市场竞争依然激烈，像"58 同城"这样的互联网平台从未放弃过颠覆传统房地产中介行业的想法，而像"我爱我家"这种与链家同为传统中介的公司，也借助房屋托管的"房屋银行"模式快速控制房源。他们都在产业要素争夺战中奋勇拼杀，因为对产业要素的争夺意味着生死之战，任何一方都会拼尽全力！

"滴滴"以外的网约车生态角色

网约车领域经过激烈竞争，成立于 2012 年的滴滴逐渐发展成为中国国内最大的网约车品牌。据公开数据，2019 年滴滴在国内的日单量是 2 400 万单，并计划在 2023 年年末达到每天 1 亿单[①]。作为出租车行业的"服务商"，以及作为网约车行业的"制造商"（提供叫车服务这个产品），为了保持头部地位，滴滴努力在产品、市场方面做得更好、更有竞争力。

产品方面最引人注目的莫过于滴滴在乘客安全问题被曝光之后在安全方面的举措，如司机端行程录音功能全覆盖、录像功能覆盖约 40% 订单、扩大客服团队至 9 000 人、在 228 个城市上线短信报警功能、安全响应流程优化、警企合作等。

尽管已经成为行业龙头企业，但维持龙头地位并不容易，激烈

① 网易科技，《滴滴宣布重要人物离职，计划 3 年全球月活用户超 8 亿》，https://www.163.com/tech/article/F8I0TG4J000999LD.html.

123

竞争依然持续，越来越多的资本和企业进入网约车市场，如首汽约车、哈啰顺风车、曹操出行等其他网约车平台。据交通运输部的数据，截至 2023 年 2 月 28 日，全国共有 303 家网约车平台公司取得网约车平台经营许可，行业竞争的激烈程度由此可见一斑。

原来以价格战抢占市场的滴滴在连年亏损后，放弃低价格策略，其优势也在一定程度上被削弱。滴滴在 2020 年推出的实惠出行品牌——"花小猪打车"则是重拾价格武器来维持市场地位的重要举措，也算是对潜力市场的一次深挖。

与努力扮演"服务商"和"制造商"角色的"滴滴"不同，网约车生态中有企业选择了"资源控制者"角色，也有企业选择了"流量入口"的角色。

网约车要合法运营，必须持有所在城市的运营牌照。截至 2019 年 10 月 25 日，滴滴在 144 个城市取得"网络预约出租汽车经营许可证"，但滴滴并非持有城市运营牌照最多的网约车平台。成立于 2016 年的"万顺叫车"是持有城市运营牌照最多的网约车平台，据其公司消息，2020 年"万顺叫车"获得网约车牌照 297 张。有趣的是，根据交通运输部公布的网约车平台 10 月份的运营数据，滴滴出行 10 月份的订单为 5.62 亿单，万顺叫车 890 万单（见表 5-2），万顺叫车的牌照数与现实服务存在感极低形成巨大反差。牌照是网约车的"资源"，但牌照并不具有垄断性，所以从这个意义上讲，企业手握牌照并不能绝对掌握市场资源。

表 5-2　主要网约车平台运营和数据传输情况（2020 年 10 月）

序号	平台名称	开通服务城市中已传输数据城市的比例/%	本月接单车辆合规率/%	本月接单驾驶员合规率/%	本月新注册车辆合规率/%	本月新注册驾驶员合规率/%	本月订单量/万单
1	滴滴出行	93.80	23.00	38.50	1.50	5.70	56 200
2	曹操专车	100.00	65.20	58.00	60.40	57.60	1 660
3	T3 出行	100.00	73.90	66.30	34.40	51.80	1 580
4	万顺叫车	98.90	17.60	26.90	75.40	77.80	890
5	美团打车	100.00	47.40	46.50	16.50	11.80	730
6	首汽约车	82.60	48.20	56.30	26.30	48.20	580
7	享道出行	88.20	92.00	89.70	82.40	56.50	440
8	花小猪出行	1.20	7.50	11.00	5.10	3.20	320

资料来源：交通运输部。

作为日活跃用户数量过亿的地图服务商，高德地图则以为出行平台提供流量入口的形式做打车业务，各主要网约车平台（如首汽、易到、神州、曹操、嘀嗒等）都已接入高德地图，据《晚点LatePost》的报道，高德接入了超过 200 个地方性网约车平台，高德网约车 2019 年 7 月的日均单量为 70 万，2020 年 12 月的日均单量超 150 万，2023 年 2 月的日均单量约 800 万单，在 2023 年 2 月同期，滴滴的日均单量则是接近 1 700 万单。

本章精要总结

关键词：产业链职能；产业要素控制

选择即战略！

这是一个新格局诞生的初期，任何行业的企业非常有必要再次思考并决定"我是谁"，而其中最高层次的"我是谁"是产业角色的定位，这是获得财富的基础。

企业可以为产业链的其他角色或者客户提供价值。通常，要决定企业的产业角色，可以从产业链职能出发，围绕产品交付流程，弄明白企业可以而且愿意发挥什么作用，一般有 4 种角色：原材料生产商、成品制造商、贸易商、服务商。也可以从底层逻辑出发，围绕产业要素控制进行角色选择，一般有 5 种角色可供选择：资源控制者、创造者、信息交互中心与流量入口、金融类企业、物流商。当然，要素控制角度的角色是建立在产业链职能角色的基础上的。

第六章

商业模式重塑

变局时刻

相对于成人装，在中国，由于消费意识的原因，童装企业难以赚取高额利润，这也对企业的规模化发展造成了障碍。生产小作坊、童装批发商、童装散货店承载了中国主要的童装市场。某童装品牌企业就在这样的环境下陷入"高价卖不出、低价不赚钱"的困局。继续按照"设计—生产—销售"这种传统的商业模式是否能够摆脱这种局面呢？

经营者更需要站在整个产业的视角思考，也许才能走出新的天地。到底要如何屹立在产业生态中？到底应该为客户提供什么样的价值？

如之前所说，在产业链中，如果按照产业链职能划分，则有原材料生产商、成品制造商、贸易商、服务商；如果按照产业要素划分，则存在资源控制者、创造者、信息交互中心与流量入口、金融类企业、物流商。而且不容忽视的是，消费者和这些企业组织里的人也成为整个产业链的一部分。依据詹姆士·穆尔（James F. Moore）在《竞争的衰亡》中的说法，当某个产业中的各种组织和个人共同形成一个经济联合体，这些成员之间构成了价值链，不同的链之间相互交织形成了价值网，物质、能量和信息等通过价值网在联合体成员间流动和循环，这样所谓的商业生态系统（Business Ecosystem）就形成了。对某个具体企业来说，我们讨论的是具体的产业所形成的商业生态系统，所以我们也可以把其称为产业生态系统（见图 6-1）。

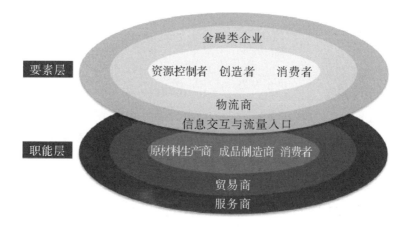

图 6-1　产业生态系统

每当整个产业进入一个发展周期的低谷或者高峰时，产业中的企业总是面临巨大的危机或者机会，此时企业就进入一个似是而非的境地或者一个艰难选择的时间窗口。但如果能洞察产业发展周期或看透自身，就能走出这个困难时期。

很多时候，企业无法看透自身，是没有站在整个产业的趋势的角度思考问题。店铺的周而复始、商场的辉煌和没落、大卖场的盛极而衰、购物中心从崛起到过剩、电商的聚合与分散等，都是受产业发展周期影响的结果。企业要想过得比较顺利，需要顺应产业的发展周期，或者说在合适的时间成为新的产业生态的一部分，只有这样才能保持生命力！

也就是说企业必须从局外破局，基于产业角度来重新调整商业模式！存量时代的到来、新消费趋势的发生、经营要素的颠覆、头部虹吸和随时出现的破坏者，这一切意味着你的产业可能处在一个正在发生巨大变化的发展周期，这也就要求企业重新思考其商业模式！

保罗·迪姆尔斯（Paul Timmers）给商业模式的定义是"一个完整的产品、服务和信息流体系，包括每一个参与者和其在其中起到的作用，以及每一个参与者的潜在利益和相应的收益来源和方式"。显然，这种定义具有产业视角。对于具体的企业来说，企业需要在这个产业中实现客户价值的最大化，这需要让"企业运行的内外各要素整合起来，形成一个完整的高效率的具有独特核心竞争力的运行系统"，在实现客户价值的过程中，同时使企业达成持续盈利目标。

所以说，商业模式的出发点是创造并满足客户所需要的价值，为了更好地实现这个出发点，需要对途径或者方式进行适当的调整，或者创新！赚钱只是商业模式执行的结果！汽车公司作为成品制造商，创造出客户喜欢的汽车，并因此获得收入；快递公司作为零售产业链上的服务商，提供了物流服务，从而赚取收益；社交媒体作为产业链上的服务商，掌握了信息和流量，才能收取广告费。

调整商业模式可能是调整在企业价值的创造的过程中伴随的商业模式构成要素，也可能是调整要素间的关系。通俗地说，调整商业模式就是让企业以新的、更有效的方式创造客户价值，并由此持续赚钱。因为商业模式具有时间性，比如，如今生产剃须刀片的企业并不能依赖一百年前创造的赠送刀架的"吉列模式"来赢得财富，每个处于产业生态中的企业需要找到更有新意和有效率的模式来赢得财富。

第一节　产业链共生

产业角色的再选择是获得财富的基础，因为产业角色决定企业可创造的价值，也表明了企业在产业链中与其他角色是共生的，甚至是你的竞争对手！所以说，产业链共生包含了三个层面的含义：

第一，既竞争又合作。你的企业和产业中的上下游关联企业共同分担了产业链价值的价值分工，所以共同合作才能发挥产业链的价值，不要期待着把上下游的利益全部"掠夺"到自己的企业中。因为这些企业承担了一定价值就应当获得相应的报酬，而且，他们因更具有专业性而能够在其领域有更高的效率。除非你能表现出更高的效率并且实现这部分价值，否则不要尝试去抢夺他们的利益。而且，有些产业职能是必须存在的，千万不要试图消灭它！比如，很多人以为 C2M（Customer-to-Manufacturer，消费者直连制造商）消灭了中间商，事实完全不是这样的。从职能角度看，连接 C 端（消费者）和 M 端（制造商）之间至少还有一个中间人的角色，这个角色掌控了 C 和 M 之间的流量通道，即使是实现了 C2M，M 依然面临着强大的竞争，这个竞争除了相同制造商的竞争以外，还面临看似不存在的中间商的竞争。因为 C2M 不是消灭了中间商，而是促使中间商发生转移，C2M 因为实现了以销定产，最终获益的是消费者和中间从事贸易职能的角色，而不是现在大家认为的制造商。

即使是面对直接的竞争者，也不总是你死我活！首先，竞争者事实上共同分担了一些很重要的成本。比如，洗衣液"升级"了肥皂市场是有赖于众多厂家共同承担了市场教育成本；折叠屏在各个手机品牌中得到应用不仅使各个手机品牌共担了市场教育成本，而且各个手机品牌分担了这项技术的研发成本。其次，竞争者都互相通过对方"放大"了自己的相对价值，否则就没有"定位"学说的诞生。比如，如果没有"贵派辣酱"，就不会有"川派辣酱"；没有辣火锅就没有不辣的火锅；没有常规的航空公司就不会有廉价航空。另外，竞争行为间接促进企业提高经营效率。为了提高竞争能力，也就是为客户创造更好的价值，企业自然需要提高组织各种要素的效率。如果没有多家提供宽带服务的公司的竞争，消费者就不能享受到更经济、更高速的宽带服务。而且，还存在一种可能，竞争者的共存可以降低新竞争者出现的概率，因为多个竞争者的存在至少从市场吸引力上提高了新进入者的进入门槛。就好比一个购物中心开了 10 家奶茶店和一个购物中心开了 2 家奶茶店，对新进入者来说，前者的吸引力一般比后者小。

第二，有勇气"不作为"。企业在做产业角色选择的时候就已经决定了其一定有所为，有所不为。其中，企业决定"不作为"将需要更大的勇气。企业并不能把什么都做了，如果该企业没有比同行做得更有效率，就可以考虑交给同行去做。企业需要集中资源，做自己最擅长的事情，并且把这种印象传递给客户，如此才能强化企业的市场定位。所以说有勇气"不作为"是来源于两个方面：一是对内在能力的认知，二是对外在市场的集中。"罗辑思维"砍掉电商业务、IBM 把 PC 业务卖给联想等都是如此。

第三，发挥最佳价值。企业作为产业链中的一员，必须发挥自己所在环节所应该提供的价值，而且要努力发挥得最好，因为你只有做得最好，才能最稳固地占据你的位置！也就是笔者之前说的，匹配你所处的时代，做得更加有效率。比如，作为全球 PC 龙头企业之一的"戴尔"，曾经凭借按照客户要求制造个人电脑并向客户直接发货的独特销售模式，在与客户需求链接这个价值环节做到高效率，并由此大大提高需求准确性和供应效率，成为世界上首屈一指的PC制造商。

总体来说，产业链共生是要求企业将其周围的合作伙伴、竞争对手、服务提供者、客户看作一个共赢的、可持续发展的生态，单个企业无法独立生存，需要多个企业共同分担价值创造的职能。产业的可持续是企业未来发展的土壤。

个性化定制与流水线生产

中国的个人西服定制市场是一个非常零散的市场。除了更早涉足这个领域的一些日本和中国香港连锁品牌以外，大部分是由这个行业的两个关键商业角色——零售店品牌和制造品牌构成。

零售店品牌是面向消费者的前端品牌，因依赖门店个性化和量体师个人，所以单体门店很多，很难形成规模，单一品牌"一统江湖"的难度很大。这些零售店品牌只在很小的范围内具有"品牌"效应，所以，可以说西服定制市场事实上接近"无品牌"市场。制造品牌专注生产，为这些前端零售店品牌提供生产。因为单体定制，所以订单量小，订单要求变化很快，这对企业来说，协调生产排单非常困难，并且会增加生产成本，反过来又传导到零售店品牌，制约零售门店的发展。因此，零售门店会寻找更多可能的制造商来作为他们的供应商，从而让制造企业接单面临很大的不确定性，也正因为如此，产业中还存在很多提供定制订单服务的小型西服制造工厂。也就是说，这个行业的两个角色都存在不确定性，而且很难规模化。

正是在这种市场背景下，笔者曾经参与了一家制造品牌的企业咨询服务。通过市场分析和企业资源分析后，结合企业意愿，重新梳理了企业愿景，并形成新的规模化战略实施路径：通过实现个性化定制的流水线来完成下游市场的集中，并由此打造一个西服定制的生态产业链！

为支持这个战略落地，企业至少采取了五大行动：①量体技术的标准化，并为定制零售品牌赋能，帮助他们解放人力，降低技术门槛，也就是让量体师的工作实现可复制；②智能化改造生产流程，实现单量单裁、交期和单量动态可变的柔性制造；③共享生产制造能力，帮助更多人创业，包括开设零售定制店和提供上门量体定制接单服务；④建立业务在线系统，实现零售店品牌、量体师和制造企业的无缝衔接；⑤跟随变化的价值链，重新搭建和完善新的管理体系。

该制造企业由此获得一系列好处：①企业的商业模式得以创新，并从传统企业变成拥有核心竞争力的生态型企业；②企业的发展天花板被突破，创新地完成向下游的垂直整合；③订单稳定而且持续增长；④从战略层面减少了竞争对手；⑤对其他业务的带动和资本化的启动。

对整个个体西服定制市场来说，制造企业成为个人西服定制店（人）的共享的流水生产线，两个角色共同合作提高了效率，并为各自带来直接的经济效益。

产业价值链集成：海澜之家的生态

以"男人的衣柜"作为广告语传播的"海澜之家"找准了其在某些城市级别、某些品牌需求的人群中的定位，而且在与同样遍布中国市场的闽派男装品牌的竞争中，以更突出的优势打开一片市场，而且这片市场是如此巨大①。

"海澜之家"在商业上构建了一个价值链集成的模式，其中重点是"海澜之家"公司在品牌与零售、资金"众筹"、加盟商拓展、生产与供应、库存处理等方面形成一个相对完整的闭环。只有其中这些价值环节不出问题，"海澜之家"这条船才能继续稳定航行。"海澜之家"的拥有者——海澜之家股份有限公司在其年度报告中也很清楚地体现了这种模式的优势："凭借'平台+品牌'的经营模式，通过打造产业链战略联盟、构筑优质的营销网络，让每一位消费者尽享物超所值的产品和服务"，"通过对加盟店的类直营管理，实现门店统一管理和快速扩张；通过以共赢的理念整合服装产业链资源，带动整个产业链经营的良性循环，产业链各方承担有限风险"。

服装品牌零售企业的两个关键环节：品牌与零售，由"海澜之家"负责。"海澜之家"的"公司层面为各品牌统一提供仓储管理、数据信息化系统管理、品牌宣传管理、财务结算管理等综合管理服务，打造品牌运营共享平台。"其中最为公众熟知的莫过于其在大众媒体的大量广告投放，特别是在央视播放广告，以及一些火热的综艺节目的赞助，还有近年增加的 IP 跨界合作和新媒体的宣传。可以说"海澜之家"深谙如何拉动对包括消费者在内的产业链价值。工厂、加盟商、库存处理商、消费者都被拉入"海澜之家"这个大生态之中。

尽管"海澜之家"形成的生态并不能说可以永久稳固，也并不完美，也不是完全创新（行业里很多品牌都是按如此模式运作），但

① 海澜之家年度报告显示，海澜之家的母公司——海澜之家集团股份有限公司全年实现营业收入 185.62 亿元，连续四年名列 A 股上市公司服装行业榜首，其中海澜之家系列的营业收入为 137.53 亿元，2022 年年底，海澜之家系列全国门店达到 5 942 家。

"海澜之家"依然在努力做得更好。"海澜之家"计划将供应链产品与各渠道消费者之间实现精准连接，而实体店零售渠道、传统电商渠道、微商渠道、新兴的直播渠道等亦要差别对待。海澜之家将把单品牌多渠道"控场、分货、定价"的管理能力发挥到极致。"主观策略的调整优化，有健康的现金流支撑，优质商品的提前布局，品牌声量的不断蓄力……进一步巩固好市场优势地位，"海澜之家股份有限公司新任总裁周立宸先生在致股东信中如是说。

第二节　商业模式再造

　　商业模式再造的落脚点是实现客户价值的过程和手段，这实际上是商业要素的一次再造！

　　这里需要明白经营要素和商业要素的差异。如果把商业要素比作工具（含软性的方法），则经营要素是组织这些工具的元素或者原材料，商业模式的再造是对这些工具的再造。对商业要素再造的过程包含两种可能：一是使构成要素发生变化，二是调整要素间的关系。最后呈现的结果是让企业实现客户价值的方式更新颖、更有效。更新颖是相对过去而言，因为你的经营要素发生变化了，所以你的商业要素也要发生变化，终极结果便是更有效了。

商业模式要素框架

　　商业模式包含了一系列要素及其关系，概括起来就是"公司所能为客户提供的价值，以及公司的内部结构、合作伙伴网络和关系资本（Relationship Capital）等，借以实现（创造、推销和交付）这一价值，并产生可持续盈利收入的要素"。由于为客户提供的价值是作为整个企业行为的指引，所以常常把客户价值主张当作商业要素之一。根据亚历山大·奥斯特瓦德（Alexander Osterwalder）的观点，商业模式可以划分为九个要素（见图6-2）：价值主张（Value Proposition）、目标客户（Target Customer）、分销渠道（Distribution Channels）、客户关系（Customer Relationships）、价值配置（Value Configurations）、核心能力（Core Capabilities）、合作伙伴网络（Partner Network）、成本结构（Cost Structure）、收入来源（Revenue Streams）。

图6-2　Osterwalder 商业模式九要素

➤价值主张（Value Proposition），即企业通过其产品（包含服务）所能向消费者提供的价值。价值主张定义了企业存在的意义。

➤目标客户（Target Customer），即企业所瞄准的顾客群体。这些群体具有某些共性。可以是统计意义上的共性或者行为上的共性，企业可以针对这些共性为这个群体创造价值。

➤分销渠道（Distribution Channels），即企业用来接触并把主张的价值交付给消费者的各种途径。

➤客户关系（Customer Relationships），即企业同其消费者群体之间所建立的联系，可能包括通信、交易、合作等不同深度不同作用的关系。

➤价值配置（Value Configurations），即企业对所拥有的资源的分配以及经营活动的安排。

➤核心能力（Core Capabilities），即企业执行其商业活动达成价值创造和经营目标所需要具备的关键能力。

➤合作伙伴网络（Partner Network），即企业同其他企业之间为有效地提供价值并实现经营目标而形成合作关系网络。

➤成本结构（Cost Structure），即企业为提供价值而形成的各种成本的构成，该成本构成反映了企业的成本策略。

➤收入来源（Revenue Streams），即企业通过某种或者多种收入流（Revenue Flow）来获得财富，是价值交付的货币表现。

商业模式要素再造

任何商业模式要素的再造都要注重从客户的角度、从根本上规划企业的行为，以使企业从本质上为客户创造更好的价值。商业模式的九大要素（价值主张、消费者目标群体、分销渠道、客户关系、价值配置、核心能力、合作伙伴网络、成本结构、收入来源）都是再造的方向，而且要素之间的关系也可以再造。由于这些商业模式构成要素或者有些企业采用别的逻辑框架而形成的要素的具体形态表现、相互作用关系的组合几乎是无限的，所以再造的方式不能一一列举。但有一点很重要，就是应更加注重在新形势下从为客户创造价值的角度出发，进行商业模式要素再造。结合笔者对企业的实践和研究，笔者认为企业一般可以采用如下的一些方式实现商业模式要素再造，这些方式很多时候不是单独发生的，就如要素之间的相互作用一样。

市场与价值再定义

价值主张、消费者目标群体、分销渠道、客户关系都是市场与价值再定义的途径。随着企业发展年限的增长，目标消费群体必然会发生改变，即使统计特征没有改变，消费特征也发生了很大的变化，价值观、接触的渠道，甚至客户与企业之间的关系，都将发生一系列变化。如今消费者、竞争环境、经营要素都发生了变化，因此非常有必要重新审视企业所处的市场和能提供的价值，它可能会影响企业未来的生意。回顾理性价值和自我表达价值、新地理位置和新年龄段的客群、融合的渠道或者对某一渠道的聚焦、发挥客户自身在企业经营中的价值等，都是企业可以审视并施行的方向。

改变收入来源

改变收入来源顾名思义就是重新定义你创造财富的方式，这意味着收入流发生变化，一个普遍可行的方向是从产品价差扩展到服务收入，这和产品竞争的充分程度有关。客户已经可以从足够多的卖方那里获得他所要的产品，而且这些产品基本都可以满足客户需求，客户也很清楚这一点。由此产生更深层次的产品需求——解决方案。解决方案是客户购买你的产品需要完成的真正任务或要实现的真正目标，很多贸易型公司转型为供应链管理公司就体现了这个道理。哪怕是取得了巨大成功的苹果公司，它也不单单依赖其独特的电子产品本身，其终端内容服务也有很大贡献。从其"iPod＋iTunes"到后来的"iPhone＋App"都充分体现出它已转变为一个以终端为基础的综合性内容服务提供商，更不用说其建立的方便第三方服务开发商开发针对 iPhone 应用软件的平台。电钻企业喜利得公司（Hilti）也是在全球激烈竞争使电钻成为低利标准产品的趋势下，加强了服务提供能力，比如，组建项目经理、工程师和物流专家组成的服务团队提供工程定制解决方案，为客户解决工程中的难点——材料测量、切割、预装材料集合等；开展资产管理服务，提供资产管理软件等。

改变产业价值链

改变自己在原有产业链的价值，这常常伴随着产业中角色的变化，即通过企业的努力，对产业链的价值进行一次再分配。一般可以从企业紧邻的上下游开始进行重组，也可以重新进入整个产业中其他非常有价值的环节。这种价值链的再分配可能是其中很小的一部分，如果不深度研究可能看不出来。比如，消费品零售业中的区域分销商的价值从重"分销"调整为重"物流"。再分配也可能发生显著变化。比如，IBM 为了重新成为"行业规则的制定者"，在其认为个人电脑业务领域很难再出现大规模的创新机会时，出售个人电脑业务（2004 年 IBM 将旗下 PC 业务出售给联想集团），进入 IT 服务和咨询业，收购了商业咨询机构普华永道，收购了二十多家专门提供数据挖掘和分析服务的软件企业，将业务从向消费者销售电脑和软件，转型到帮助用户使用科技以应对在市场营销、采购和生产过程中遇到的挑战。由此彻底改变了它在产业链中的角色和价值。

如果通过你的企业或者一些企业的共同努力，整个产业链的价值链发生重大变化，可能导致整个产业的商业模式发生改变，这也就是重新定义了所在的产业。这种现象多发生在平台型企业的身上，或者产业链中让产业价值发生重大革命的"创造者"角色身上。如转型后的 IBM 在 2008 年推出的"智慧星球"（Smart Planet）计划利用计算机智能为基础电网、交通管理、食品配送、水利和医疗卫生等提供运行系统。"'智慧星球'计划就是要带领用户进入一个全新的领域。在这个领域里，用户拥有各自独有的定位，并能够利用 IBM 整合的巨大价值。""智慧星球"计划重新定义了一个产业。

改变企业内部价值配置

价值链是企业真正创造增值部分的环节，改变企业内部价值链的配置就是改变企业创造价值的过程。改变企业内部价值配置需要开展两个层面的工作：一是重新定义企业的内部价值链，包括运行逻辑（或者也可以称为各个价值环节的关系）和价值环节的价值构成；二是把相应的资源按照价值构成分配到各个价值环节。比如，百丽等很多零售企业对门店一线人员的赋能和决策权力前移，以及数据中台的建设都是对内部价值链重新配置的过程；AST 等工程类企业对客户需求线索获取和销售功能的切分，也是如此。

降低满足需求的总成本

企业不能把成本的目光仅局限在"成本会计"所覆盖的范畴，而应该变得更加广泛，甚至超越"管理会计"的范畴，直到超越整个价值交付环节组成的成本！你需要结合企业的价值链，分析各个价值环节的构成成本，并最终做出降低成本的方案，这其实也是在告诉你不能局限于某个"点"，应该放眼于"链"，以此来获得全局最优的成本！通常，改变供应模式、改变技术模式将有助于降低总体成本，如快速返单、预售、提高周转率、SKU 精简、模块化生产等。

提高对核心经营要素的掌控

企业如果对科技、人力、资本、传播媒介、渠道等经营要素的掌控程度越高，就越能形成竞争壁垒，现在是时候考虑通过底层的经营要素层面来再造你的企业了！

可能你的企业正在进行的再造行为不同于以上的表现形式，但你的企业的商业模式要素的再造一定要服务于当下即可见的未来，而且一般要符合下面几个特征：

一是，在一个新的有吸引力的市场提供产品或者服务，或者以新的方式更高效地提供已有的产品或服务。比如，孟加拉国乡村银行（Grameen Bank）面向穷人，特别是贫穷妇女提供小额贷款产品服务；美国西南航空提供简单配餐而且没有额外服务的短程航线让其与众不同。

二是，与竞争者相比，同时存在多个明显不同的要素。如孟加拉国乡村银行（Grameen Bank）不同于传统商业银行，在"消费者目标群体"方面是以贫穷妇女为主要目标客户、在"价值主张"方面是以不需要担保和抵押的小额贷款为主要业务；美国西南航空贯彻的低成本战略，如提供点对点基本航空服务、不设头等舱、只使用一种机型、利用大城市不拥挤机场等让其在"价值主张""消费者目标群体""客户关系""价值配置""核心能力""成本结构""收入来源"等方面明显区别于其他航空公司。

三是，多个要素的变化让企业发生更加系统和根本的变化。这常常需要企业的组织进行战略性调整，并由此带来流程的大调整，所以也可以说是一种集成创新。

改变的收入来源：再次火热的会员卡

2019年8月26日，中国大陆地区首家开市客（Costco）门店在上海闵行开业。Costco开业现场火爆，以至于当天下午停止营业。除了品牌效应以外，更重要的是，开业期间品牌商品价格更便宜，按官方说法，百货商品价格低于市场价的30%~60%，食品类则能低

10%~20%。而顾客要获得购买这些商品的权利，必须购买会员卡。自开放会员申请后，Costco上海闵行店已经积累了数万名会员。

Costco是全球第三大零售商、美国最大的连锁会员制仓储量贩店，成立以来即致力于以可能的最低价格提供给会员高品质的品牌商品。1996年，其与美国另外一家以低价格提供高品质商品的Price Club合并。与传统商超相比，除了大包装商品、低价和精简的SKU以外，Costco还向会员收取一定的年费。Costco的会员费与净利润的比值相当高。2019财年，Costco实现营收1 527亿美元，其中会员费33.5亿美元，净利润为36.6亿美元；到2021年，Costco营收1 527亿美元，其会员费达38.8亿美元，净利润为50.1亿美元。

顾客必须支付一定的年费才能成为Costco的会员。顾客通过购买会员卡获得了便宜购物及其他会员服务的权益，而Costco通过卖会员卡，赚取了顾客服务费。理论上，像Costco这种零售商最终可以实现只赚服务费，不赚商品差价，这是企业收入来源的一个根本改变，京东的PLUS卡的逻辑也是如此。

Costco最终能否在中国市场成功经营下去我们暂不去考虑，它的一个重大价值是重新唤起"会员制"销售的热度，其主要竞争对手——在中国市场坚守多年的沃尔玛山姆会员店在一定程度上也因此受益。持有VIP卡而取得一定折扣的这种促销方式和顾客管理模式早已不是新鲜事，但Costco的会员制让VIP卡的销售再次在中国市场火爆起来这一现象，触动了更多企业对收入来源的思考。如果一个非开放式的平台推出类似会员卡制度，用户只要花钱买一年的权益，就可以获得相应的优惠券或者免运费等其他好处，因为这个平台是非开放式的，以自营产品为主，可以说会员卡的销售是收益模式的转变。而假如一个完全开放的平台也推出了类似的会员卡制度，因为平台的产品不是自营，这是等于用别人的顾客赚自己的钱，由此创造了一个新的利润来源。

零售企业的会员销售模式也为贸易型企业赚钱模式的转变提供了一个成功的实证。贸易型企业过去赚的差价实质上是信息不透明下的时间价差和分销价差，而随着信息越来越透明，贸易差价的空间越来越小，就好比一件衣服，我们很容易算出其面料成本、染色成本、印花成本、加工成本等，加上数字化工具，甚至库存也能控制到接近于零，也就是库存造成的不确定性成本也消失了。因此贸易型企业很有必要将实质价差转换成服务费，尽管服务费一般小于原先的贸易价差，但即使是信息透明的情况下，服务费依然是可以存在的。这符合经济学的规律！

价值聚焦：利丰的"回归"

2020年5月26日，利丰（Li & Fung）从香港联交所退市。总部位于中国香港的利丰是世界知名的消费品设计、采购、生产管理、物流跨国集团，在超过40个国家拥有230个办事处及配送中心。退市是受财务指标连年下滑的拖累，利丰的营业额从2014年的192.88亿美元跌至2019年的114.13亿美元，其经营溢利更是从2014年的6.24亿美元跌至2019年的1.48亿美元。

凭借语言与信息优势起家的利丰的辉煌，是建立在非互联网时代全球贸易一体化这个大时代背景之下。如今，经营要素发生重大改变，科技让供需之间和各自的效率更高、全球（特别是中国）人力知识结构的总体提升让利丰原先的国际化优势降低、链接需求方和供应方的中间渠道变得更加网络化而削弱了利丰的中心作用，加上全球贸易壁垒，这一切让贸易相关行业，特别是零售商、制造商、供应链管理者都面临重大挑战。

《哈佛商业评论》曾经称利丰的供应链管理为"香港风格的供应链管理"，具有"快捷、全球化和创业精神"。利丰也曾认为"在这个世界中，各采购国之间将没有边界，而利丰拥有在一个'平的世界'中管理供应链的独特模式"（利丰的供应链生态见图6-3）。如今，供应链的价值依然存在，只是供应链上的价值因为产业中的职能分布的变化而重新被分配了。例如，产品设计的职能变得更加具有分散特征；原材料的采购有集合采购的需求，但对快速返单的要求与日俱增；订单快速传导到生产厂商，也对生产管理提出新的要求；工厂也越来越容易建立自己的供应链管理体系；更多的物流平台加入，对利丰的物流业务也是一个挑战；区域性采购也因为贸易壁垒变得更重要，这也将导致供应链被分割成小型单元。所有这些变化让利丰这个"垂直"产业链型的供应链管理巨无霸公司必须要考虑未来之路，要么重新建立一个系统，成为各种新玩家的基础平台，要么对原先产业供应链的某个价值环节聚焦，重新建立效率优势。

2016年利丰推出了"三年计划"（利丰每三年都会进行的引以为豪的一项工作），希望创造面向未来的供应链，专注于速度、创新和供应链数字化，协助品牌和零售商应对数字化经济。集团计划重组为服务和产品两大部门，分别专注于供应链和物流解决方案、三大重点产品（家具、毛衣与美容）业务及在岸批发业务（针对美洲、欧洲和亚洲市场，利丰充当客户的货品供应商）。最终，在执行过程中，业务被再次精简。2016年，利丰出售旗下位于亚洲地区的消费品和保健用品分销业务，以及家具、毛衣与美容产品业务。

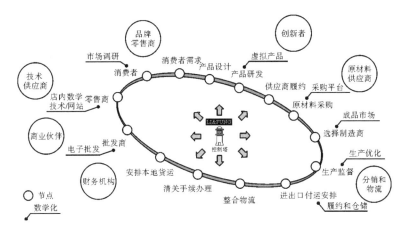

图 6-3 利丰的供应链生态

（资料来源：利丰官网）

当然，很多分析师对利丰的未来技术优势和数字化转型战略持怀疑态度，但这并不妨碍利丰在供应链和物流解决方案上的努力。利丰集团行政总裁冯裕钧表示，集团将专注于实现业务的根本转型，其中最关键的一环是利丰与普洛斯的合作，"普洛斯是全球领先的专注于物流、不动产、基础设施、金融及相关科技领域的投资管理与商业创新公司"。

2020 年 11 月 24 日，位于上海西北部嘉定区的一座可全天 24 小时运营的利丰全国运输枢纽中心举行了隆重的开仓典礼，该项目是由利丰供应链与普洛斯合作推行的智慧化解决方案。利丰供应链总裁 Dominic Gates 表示："利丰全国运输枢纽中心是利丰与普洛斯合作迈出的第一步……让智慧月台解决方案得以迅速推出并投入使用。我期待着与普洛斯进一步深化合作，以创新的工作模式和数字化解决方案，帮助我们的客户持续提升效率。"普洛斯资产中国区联席总裁、资产服务运营平台董事长兼 CEO 莫志明则表示："利丰和普洛斯共同致力于引领数字化供应链的未来。利丰全国运输枢纽中心项目是彼此合作的一个重要里程碑，展示了双方在物联网、自动化和相关领域如何合作开发、运用智慧工具来优化成本并提高整个供应链的效率。"这很大程度上意味着利丰将在数字化的物流商角色的基点上重新打造供应链解决方案，这是供应链上不可或缺的产业要素，如果利丰能够掌控这个要素，将重新建立起自己的核心竞争优势！

本章精要总结

关键词： 共生；再造

先洞察产业，后再造企业！

大时代下，企业所面临的往往是产业性的机遇或者风险，企业是整个产业中的一个有机体。机遇和风险也为有准备者和前瞻者提供了更大机会！但企业始终是产业中的一员，发挥着产业中的价值。企业需要明白，想要掌握新机会，必须思考如何在整个产业生态中共生发展，才能找到自身正确的位置。

只有基于产业，企业才能有效地调整商业要素，或者调整商业要素之间的关系，也就是调整商业模式。除了本书中给出的一个框架，商业模式的分析框架还有很多，企业可以选择一种适合自己的框架进行分析思考，但切不可脱实向虚！因为商业模式必须要回归如何创造顾客价值，而不是强调一个虚幻的概念。

第三部分

行动：变革实施的五条路径

变革实施的五条路径

■ 价值链突破

■ 流程管理

■ 组织重构

■ 新营销组合

■ 薪酬变革

第七章
内外兼修　突破企业价值链

　　某企业是某类消费品产业中的加工企业，没有自有的消费者品牌，它曾经快速发展并达到 3 亿元的规模，近年想上一个台阶却心有余而力不足，加上产业中整体加工产能的过剩，竞争越来越激烈。该企业处于现在这种困境的原因是，一方面，加工企业的可替代性非常强，现有的订单严重受制于前端企业；另一方面，企业所处位置偏僻，而开发客户周期长，由此承担高昂的固定人工成本是很大的风险，所以开发新客户的销售队伍迟迟没有建起来。

　　如何保持现有客户的稳固合作，如何有效提高接单能力、如何扩大规模成为该企业一直思考的课题。这要求企业重新考量价值创造的过程，深度挖掘可以创造新价值的点。

　　价值链体现了企业为了实现价值主张，满足客户需求所需要的业务环节、各合作伙伴扮演的角色以及利益相关者合作与交易的方式和内容。美国战略管理学家迈克尔·波特（Michael E. Porter）于 1985 年提出了价值链的概念。波特基于制造型企业提出，"每一个企业都是在设计、生产、销售、发送和辅助其产品的过程中进行种种活动的集合体。所有这些活动可以用一个价值链来表明"。还提出，"企业的价值创造是通过一系列活动构成的，这些活动可分为基本活动和辅助活动两类，基本活动包括内部后勤（进料后勤）、生产作业、外部后勤（发货后勤）、市场和销售、服务等；而辅助活动则包括采购、技术开发、人力资源管理和企业基础设施等。这些互不相同但又相互关联的生产经营活动，构成了一个创造价值的动态过程，即价值链"。（见图 7-1 ）。

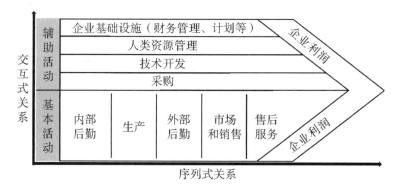

图 7-1　制造型企业的基本价值链模型

价值链也可以看作一种高层次的、具有"化学作用"属性的物流模式，由原材料作为投入资产开始直至原料通过不同过程销售给客户为止，其中做出的所有价值增值活动都可作为价值链的组成部分。因为其具有为客户创造价值的"增值"属性，所以它是企业家判断企业各项活动是否具有价值的很好的战略分析工具。也正是因为这个原因，价值链工具可以扩展到任何行业，而不只是制造业。有必要弄清楚的一点是，如果企业能够提高效率，但依然以相同的价格交付给客户相同的产品，尽管客户没有获得额外的增值，但企业的价值链增值了。不过，增值部分的收益分配给了企业，而不是客户。

如果结合流程管理的理念，价值链是企业通过一系列的输入，再经过内部转换，并最终向客户输出他所需要的价值而形成的活动集合，每个活动都有可能为最终产品提供增值行为，从而增强企业的竞争力。企业想要保持竞争力，与竞争者相比，必须能掌握最终产品产生过程中的核心价值，并且这种能力要具有可持续性。

从最终产品交付的闭环管理要求来看，与企业存在关联的上下游企业必须要纳入同一个价值链体系，而不是把眼光局限在企业内部。因为上下游企业的价值活动会对企业最终实现的价值造成影响，这种影响随着客户体验和需求重要性的增加而加大。另外，客户本身也为企业的最终产品创造了价值，其至少在产品开发和产品传播两个方面发挥了作用。也就是说，如今企业的价值链的边界要扩展到客户和外部协作组织。

在市场环境和经营要素发生"突变式"变化的情况下，企业必须对内部的价值链进行重新梳理和定义，形成新的价值环节和相互作用关系，并依据战略找到各价值环节的创新方式。

第一节　内部价值链创新增值

实现内部价值链的创新增值从定义价值链开始，定义价值链的过程不仅是对业务或者职能进行战略选择的过程，也是资源再分配的过程，然后需要找到对最终定义的价值链的各个环节的创新增值方式，并作为后续经营活动的行动纲领。所以对企业价值链进行创新增值会因改变商业模式要素而重构企业的商业模式。比如，报喜鸟公司通过原先的成衣零售店推广西服定制业务，并通过门店接定制订单，这就需要一条和原先零售业务的价值链完全相反的价值链，而为了促进门店定制订单业务，公司将门店的销售人员提升为更专业的定制顾问，把销售接单环节的价值创造能力大大提升了，最终，定制业务成为报喜鸟公司新的战略业务。

如何梳理并定义价值链

必须要明确：梳理和定义价值链的过程就是最大的价值增值行动。价值链的梳理必须跳出现有的组织架构而始终坚持从战略和业务出发。

区分战略业务单元

企业可能有不同的经营业务，我们通常把企业内的一项独立业务或相关业务的集合体，当作一个战略业务单元，我们还可以从这个业务单元在市场上是否有现实的或潜在的竞争对手来区分其战略业务单元。企业需要对每个战略业务单元分别梳理其价值链。

作业（Activity）归类和排序

作业（Activity），也称为活动，是企业提供产品或服务过程中的各个工作程序或工作环节，也是所消耗的人力、技术、原材料、方法和环境的集合体。企业需要确定能引起价值变动的各项作业，并按照相同的属性做归类，属性没有定势，但属性要保持整体一致，而且可以由相同的组织完成，不能产生交叉和矛盾。价值链各节点可以按照时间或者和最终客户的距离进行排序，有些时候，也会对价值环节按照和业务的关系层级进行归类。比如，一家企业的价值链一般可以分为三个层级：战略管理层级、业务运营层级、业务支撑层级。另外，价值链的价值环节，也就是作业集合的颗粒度和交互关系也会因为价值管控的需要不同而不同。某服装企业价值链见图 7-2，某人力资源管理企业价值链见图 7-3。

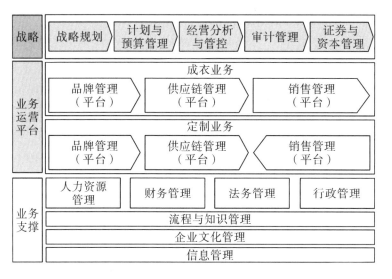

图 7-2 某服装企业价值链

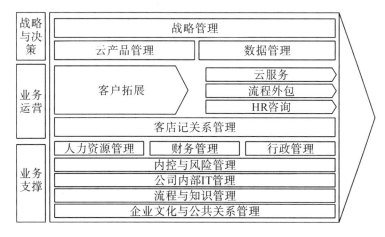

图 7-3 某人力资源管理企业价值链

定义战略环节与价值链重组

企业众多的"价值活动"中，并不是每一个"价值"环节都创造价值。那些真正可以创造价值的作业或者经营活动，就是企业价值链的"战略环节"。企业想要保持长久的竞争优势，需要在这些"战略环节"保持优势，因此抓住了这些关键环节，也就抓住了企业的整个价值链。"战略环节"可以是产品开发，也可以是市场传播、分销管理、信息技术、知识管理、财务管理等，这需要依据"是否有助于掌控核心经营要素"来判定。当战略环节和非战略环节定义以后，对价值环节的逻辑关系进行重新组织就是对价值链的重组。

如何开展价值增值行动

要以增加"客户价值"作为衡量增值的最终标准。有些作业可以增加转移给客户的价值，称为增加价值的作业（Added Value Activity）；有些作业则不能增加转移给客户的价值，称为不增加价值的作业（Not Added Value Activity），或浪费作业。尽可能消除不增加价值的作业，对于增加价值的作业，尽可能提高其运作效率，这是企业开展增值行动的基本原则。

第一，分析价值增值和成本减少的动因，通过对作业过程、技术、人员能力的改善来提高作业环节的价值，通过对作业环节的资产消耗、人工工时消耗和期间费用的消耗的减少来降低总体资源消耗。

第二，抓企业过去所忽略的却很有价值的支持性的职能部门，如战略、计划、市场推广、财务、信息、人力资源、流程管理等部门，提升这些部门的管理价值。

第三，调整资源在各个价值环节的配置，把资源优先安排到最能产出价值的价值链环节。

第四，强调整体最优。结合精益生产（JIT）的理念，通过管理协调整个价值链的绩效（见图7-4）。

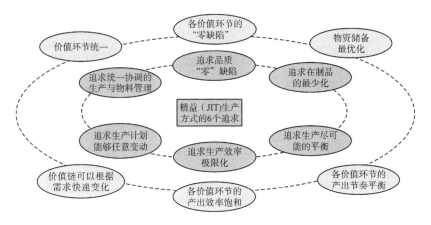

图 7-4　精益生产对提高整体价值链绩效的启示

导入价值链重组增值管理工具 V-add

企业梳理完价值链之后，可以导入 V-add 这个价值链重组增值管理工具（见表 7-1）对价值链增值进行管理。开展管理之前，必须要有一个专门的固定组织或者阶段性项目小组开展此项工作，而且必须是由具有跨部门权力的企业高层担当领导者。

表 7-1　V-add **价值链重组增值工具**

价值链环节 （V，value-chain）		价值衡量与目标（A，aim）							创新增值手段（D，device）					行动计划 （D，do）
		指标 分类	内向 指标	现 状 值	目 标 值	外向 指标	现 状 值	目 标 值	内部创新			外部整合		
价值链 环节	是否战略 环节								方法与 过程	技 术	人	外 包	股权 合作	
		要素 控制 导向												
		顾客 价值 导向												

➤**工具说明**

V（value-chain，价值链环节）：每个价值环节需要在内外部分析后通过公司高层决策而定义为战略环节还是非战略环节。

A（aim，价值衡量与目标）：价值环节需要分解出要素控制导向和客户价值导向两类价值衡量指标，每个衡量指标需要确定现有的实际状况，并确定需要达成目标的时间。要素控制导向可以考虑对科技、人力、资本、传播媒介、渠道等要素的控制程度，客户价值导向可以考虑为客户提高价值和节约成本的实现程度，需要注意的是，客户价值可能通过转移到企业身上而通过企业获取的价值来体现。衡量指标可以采用只针对自我评价的内向型指标，也可以采用从市场和竞争角度出发的外向型指标，或者内向型和外向型均采用，这是根据企业战略来确定的，但现实中，很多小型企业无法获得可以量化的以竞争对手为参考的指标，则一般采用自我评价的指标，这也符合"做更好的自己"的要求。

D（device，创新增值手段）：针对每项指标，有两类创新增值的手段——内部创新和外部整合。内部创新是对企业内部的价值链进行增值行为，有三种手段：①改进实现该环节的方法与过程；②改进该环节用到的技术；③提高创造价值的员工的能力。外部整合是经过评估后，将外部更优秀的价值链整合到公司整体价值链中，并发挥整体协同作用，一般可采用部分价值环节外包、股权合作取得价值链资源等方式。

D（do，行动计划）：根据最后确定的创新增值手段制定行动计划，并落实到岗位、人，确定完成时间，并通过过程追踪和考核结果相结合来辅助实现目标，也就是把保障落地当作计划之一。

➤**应用示例**

以一个简化版的包含研发、生产、销售的打印设备制造型企业的一条业务运营价值链为例。这条价值链包含六大价值环节：产品研发、原材料采购、生产制造、传播推广、市场销售、售后服务。它的 2021 年 V-add 价值链框架如表 7-2 所示。

➤**注意事项**

第一，V-add 工具中的衡量指标与流程指标、绩效考核指标有所不同，除了更高阶以外，衡量对象也不同。V-add 工具中的指标更强调能力的体现，往往具有时段性，而流程指标和绩效考核指标更强调输出结果，更具有时点性。比如，"产品研发"这个价值环节衡量指标"每年投放 2 款新品"就更强调在一段时间内具备这种能力，而研发部的年度考核指标"V2 机型如期上市"就更强调某个时间点完成这项结果。

第二，V-add 工具中的衡量指标（和流程指标）最终需要转化成绩效考核指标来帮助落地。也就是说导入 V-add 工具是一项战略性工作，最终实现需要绩效考核来辅助。

第三，因为价值链常常作为流程总图的框架，所以 V-add 工具中的衡量指标可以当作最高层级的流程指标。

表 7-2 某公司 2021 年 V-add 价值链增值管理

价值链环节 (V, value-chain)		价值衡量与目标 (A, aim)							创新增值手段 (D, device)					行动计划 (D, do)
			内向指标			外向指标			内部创新			外部整合		
价值链环节	是否战略环节	指标分类	内向指标	现状值	目标值	外向指标	现状值	目标值	方法与过程	技术	人	外包	股权合作	
产品研发	是	要素控制导向	—	—	—	每年投放2款新品	***	***	调整研发项目管理……	—	增加电子工程师2人	同时与两家研发机构合作	—	***
			—	—	—	进入特殊产品采购目录	***	***	按照投标要求制定标书,完善技术指标……	—	专人对接	—	—	***
		顾客价值导向	研发周期	***	***	—	—	—	***	***	***	—	—	***
			研发费用总额	***	***	—	—	—	***	***	—	—	—	***
			单台物料成本	***	***	—	—	—	***	***	—	—	—	***

表7-2（续）

价值链环节（V, value-chain）		价值衡量与目标（A, aim）							创新增值手段（D, device）					行动计划（D, do）
价值链环节	是否战略环节	指标分类	内向指标	现状值	目标值	外向指标	现状值	目标值	内部创新 方法与过程	技术	人	外部整合 外包	股权合作	
原材料采购	否	要素控制导向	—	—	—	核心部件3家供应商	***	***	***	—	—	***	***	***
		顾客价值导向	原材料残次率	***	***	—	—	—	***	***	***	—	—	***
		顾客价值导向	原材料成本占比	***	***	—	—	—	***	—	—	—	—	***
生产制造	是	要素控制导向	自动化率	***	***	—	—	—		***	***	—	—	***
		要素控制导向	产品合格率	***	***	—	—	—	***	***	—	—	—	***
		顾客价值导向	订单满足率	***	***	—	—	—	***	—	—	—	—	***
		顾客价值导向	单台工时	***	***	—	—	—	***	—	***	***	—	***
		顾客价值导向	JIT实施	***	***	—	—	—	—	—	***	***	—	***

表7-2（续）

价值链环节 (V, value-chain)		价值衡量与目标 (A, aim)							创新增值手段 (D, device)					行动计划 (D, do)
			内向指标			外向指标			内部创新			外部整合		
价值链环节	是否战略环节	指标分类		现状值	目标值		现状值	目标值	方法与过程	技术	人	外包	股权合作	
传播推广	否	要素控制导向	—	—	—	市场推介会	***	***	—	—	***	—	—	***
		顾客价值导向	使用指南更新周期	***	***	—	—	—	***	—	—	—	—	***
市场销售	是	要素控制导向	各渠道覆盖	***	***	—	—	—	***	—	—	—	—	***
		顾客价值导向	一次换机率	***	***	—	—	—	***	***	—	—	—	***
售后服务	是	要素控制导向	售后工程师数	***	***	—	—	—	***	—	***	—	—	***
		顾客价值导向	投诉响应时间	***	***	—	—	—	***	***	***	—	—	***
			退机率	***	***	—	—	—	***	***	—	—	—	***

注："—"表示无内容，"***"表示有内容但数据省略。

"管中窥豹"：从人力资源管理看被忽略的职能部门的价值增值

"人力"已经成为现代企业重要的经营要素之一，因此人力资源部门传统意义上侧重于人事的支持性职能就需要做彻底的改变，真正实现"开发与管理人力资本"的价值。一些常规的例行工作，比如，招聘时的背景信息调查、员工薪资计算和发放、任职时新员工介绍、向新员工做工作场所介绍、员工绩效管理的具体任务、员工发展管理的具体任务、员工培训的具体任务、员工援助和挽留的具体任务等，都可以纳入人力资源部的基础性工作。企业衡量人力资源管理价值的目标应该向可以帮助企业掌控"人力"这个经营要素的方向转移，因此"开发与管理人力资本"就更加具有战略意义。即使是中小企业不具备完整的人力资源部门配置，也需要把这项战略价值分散到其他员工身上来实现。

提高人力资源管理的价值可以考虑从三个方面入手。

第一，提高人力资源工作与业务战略的协调性，让人力资源管理成为战略和战略落地的一部分。在战略层面要做到：参与组织架构规划；制定人力资源战略，将人员配备计划与在职人员计划以及业务单元战略需求协调一致；建立人力资源的衡量指标；根据公司战略和市场环境明晰对人员技能的需求；为企业各个单元制定人力资源获取计划等。在战略落地层面要做到：对绩效目标进行定义、对员工绩效进行评价和管理、对绩效管理本身进行评估；定义员工发展的原则、制定员工职业发展规划、对员工技能的发展进行管理等。

第二，提高人力资源管理技术，开发和应用各种人力资源管理的模型/技术/IT工具。人力资源部门需要制定 HR 系统/技术/工具策略，而不是把这些工作丢给 IT 部门；参与开发在职人员战略模型；管理人力资源应用系统信息；执行员工管理程序等。

第三，加强员工关系，实施对员工的人性化关怀。主要包括：在多元用工环境下管理人事雇佣关系；管理劳资双方就工资等问题的谈判；管理外部人事合作伙伴；管理员工抱怨；为员工开发有利于工作与生活平衡的项目；对员工信息和分析进行管理；开展员工沟通等。

除了人力资源以外，企业可能存在诸如战略管理、计划管理、市场推广、财务、信息、流程管理等部门，这些部门往往被认为"不能直接产生收益"而在做价值创新增值的行动中被忽略。现在需要改变这些固有看法，即使是这些部门还没有成为企业的战略部门（事实上从经营要素上来看，很多部门已然是战略部门），也需要而且也是可以采取增值行动的。这其中至少有三个方面可以去考虑：①提高与战略的匹配性；②加强流程和工具的改善；③提高作业效率。

第二节　价值链延伸

因为消费者以及外部合作组织都为企业产生最终产品（交付价值）创造出很重要的价值，企业应该考虑将原来专注内部的价值链延伸到消费者以及外部合作伙伴，这将帮助企业加强在产业链中的地位，并通过企业自身的努力改变产业生态。比如，海尔集团的业务流程（见图 7-5）就是把全球的供应链合作伙伴和用户资源纳到整个体系中，并最终促使其商业模式发生改变，围绕海尔集团建立一个产业生态系统。

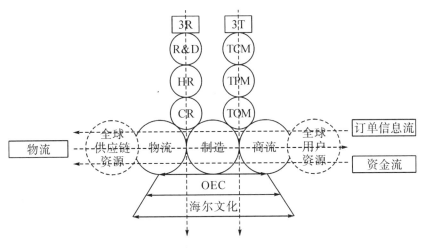

图 7-5　海尔集团的业务流程①

消费者如何创造价值

消费者不仅显而易见地能创造经济价值，还成为整个价值链的一部分，甚至发挥多项职能。以往，这些职能只发生在企业内部，由企业内部的部门来完成。

第一，买得更多、持续购买。尽管消费者在这一点上并没有为企业价值链增值，但这是企业通过另外的价值环节，如消费者管理或者其他诸如产品组合设计、销售促进等活动使销售效率提高而创造了更多的价值。

第二，产品研发来源和产品改进建议。这可以在研发开始之前或者研发过程中，以及售出产品之后表现出来。通过与公司的紧密

① 根据 2004 年以前海尔集团的业务流程整理，尽管目前海尔集团对其业务流程有更新的定义，但笔者认为这依然是其核心内容。

联系，消费者甚至可以参与产品概念设计以及提出具体需求，以往，这个价值往往被忽略，但在"智力众包"时代，这变得很常见。

第三，自行传播并影响他人。媒体去中心化的现状和自媒体的"填缝"作用，使得消费者发出的碎片化传播信息可以影响他所覆盖的人，甚至可以影响到不可估量的范围。

第四，需求协同。当消费者的需求越来越明确地传递到企业，企业就可以让需求和供应保持协同，这将最大限度地降低库存、减少期间浪费等。

如何来管理消费者实现价值增值

除了继续提高现在各个企业都在进行的、基于提高直接经济效益的 CRM（Customer Relationship Manngement，客户关系管理）的精细程度以外，企业还需要采取以下措施，来实现消费者对价值链的增值。

第一，变被动为主动，主动强化需要或者可以由消费者完成该职能。也就是说主动将可以由消费者实现的职能让消费者去完成，把消费者当作实现价值链功能的一部分，就像你的兼职员工一样。

第二，深度沟通，建立定期机制。与消费者建立固定时间的深度沟通制度，由相关对接部门和消费者（一般为经过特定条件筛选的消费者）进行深度沟通，形式不能限制于问卷调查。

第三，为创造价值的消费者提供奖励。将对消费者的奖励作为完成整个价值链的成本之一，当然，很多时候这种成本与增值效果相比微乎其微。

第四，把消费者当作某些流程的节点。根据价值环节的需要，把消费者的行为当作流程节点会从制度上对客户增值活动进行固化。

消费者洞察：社交聆听

消费者洞察常常被用在制定品牌及产品战略的过程中，因为其是对消费者需求价值的发掘工作。事实上这对企业来说，可能在产品研发、制造工艺、销售、传播、客户管理等很多环节都会产生影响。以前，对消费者的洞察一般由企业发起，并组织相应的市场调研，包括定性和定量的各种方式，如今，社交媒体为企业提供了一种可供分析消费者自发信息的途径，如果可以剔除其中商业角色的信息，这种途径为企业洞察消费者提供了绝佳的方式——社交聆听！社交聆听是对社交媒体上特定人群在特定时间内以一定形式发布的内容的分析洞察，结果被运用到改善企业相关的价值环节。

很多企业以及专注于提供社交聆听服务的公司已经在运用社交聆听的方式来改善企业的价值环节，而且他们已经在以下一些方面取得了一定进展。

➢改善社交媒体的传播策略

基于社交媒体的传播属性，社交聆听首先被用来洞察哪些方面可以改善社交媒体的传播策略，比如，让传播内容更受欢迎、为营销活动提供创意、让 KOL 营销直击靶心等。社交聆听让企业降低猜测引起的成本和潜在风险，因为你不需要先创造某个内容、创意、主题出来再通过受众的反应来决定如何改善，而是直接发掘出对传播有价值的信息。这些信息可以直接运用到为制定传播策略而进行的头脑风暴的环节。

专注于社交聆听的人士总是会提及兰登书屋的一个典型案例。美国的一家出版公司——兰登书屋在发布了 Leah Remini 的《捣蛋鬼》一书之后，营销团队就使用社交聆听的方式来辅助分析这本书成功的原因。寄希望于利用这些原因制定策略来吸引更多读者，以及将这次的经验应用到未来的出版中。社交聆听的结果显示，除了本书有争议的话题、科学教派之外，作者本人对读者更具吸引力，因为兰登书屋用她讲述了一个引起读者共鸣的真实性故事。基于这个洞察，营销团队的营销重点调整为关于 Leah Remini 及其经历的故事，而不是这本书本身。于是兰登书屋特意安排了 Leah Remini 本人在 Goodreads（在线读书社区）回答读者的问题。

➤优化企业运营

消费者在社交媒体上谈论某个品牌的体验，常常把落脚点放在产品或服务的体验上。企业特别需要甄别这些体验问题是单个偶发问题，还是重复出现的问题。重复性问题不是简单的即时回复道歉可以解决的，企业要从根本上改善产品或者服务的消费者体验，也就是企业内部需要通过改善运营来实现。

一个关于特斯拉于 2016 年在美国市场发生的社交聆听案例也总是被提到。一名特斯拉的车主在自己的 Twitter（推特）上通过分享他实际充电的经过来抱怨许多车主霸占着汽车充电站，即使车子已充满电，这些车主仍将车辆停在充电位置上，给需要充电的车主造成困扰。马斯克（Elon Musk）在一分钟内回复道："你是对的！这的确演变成了一项问题，充电站是用来充电而不是停车的，我们将会采取行动改善。"显然，特斯拉在持续进行社交聆听工作，而且这个问题已经被发现是一个普遍问题，因为通过"特斯拉"和"超级充电站"等关键词的组合，特斯拉可以而且已经发现了有关此问题的人数趋势、相关话题活跃度在增高。在马斯克的推文发布的六天后，特斯拉发表博客称："我们设计了 Supercharger（超级充电桩）

网络，以实现无缝的充电体验和愉悦的旅行体验。我们知道到达一个车站后发现充电站被充满电的特斯拉汽车占据是令人沮丧的。为了给所有车主创造一个更好的体验，我们推出了一项充电站空闲费用，来提高超级充电站的利用率。"

小米公司在社交聆听上也堪称典范，其创始人雷军在微博上有超过 2 200 万粉丝，一旦有消费者在其微博留言评论产品售后问题，小米的服务人员即会联系留言者沟通如何解决问题。小米的这种关注社交媒体中消费者反馈的行动可以说是有传承的。小米在 2010 年成立时推出 MIUI 手机操作系统时就已经开始了，小米团队在论坛中发现了"定制化 Android 系统"的需求，并找了 100 个发烧友作为第一批内测用户，所以说 MIUI 是一个由一些爱好者一起开发的、为满足简体中文用户需求的定制化系统。为纪念这个时期，小米后面还制作了微电影——《100 个梦想的赞助商》。直到今天，在 MIUI 的迭代过程中，用户依然参与其中。

➤辅助战略产品决策

社交媒体上充斥着消费者对当前市场上的产品的看法，以及对还没出现的产品的一些期望，可以为企业在常规研发流程以外开辟一条新道路，而且有些时候反而更加有效，就像如果没有客户对用洗衣机洗地瓜提出期望，海尔洗衣机的研发人员绝对不会为某些洗衣机增加洗地瓜的功能。海尔洗衣机的事例是发生在没有社交媒体的时代，在社交媒体爆炸的时代，社交聆听的价值就更能轻易发挥出来。

Oliver Wyman① 公司提到一个有趣而有普遍价值的案例。通过对

————————
① 一家管理咨询公司，为金融服务、零售与消费品等行业提供咨询服务。

社交媒体帖子的分析发现，印尼化妆品市场受泰国流行趋势的影响更大，高于法国或日本。而且通过社交聆听还可以锁定相关的产品与品牌，以及它们发生关联的原因。例如，一条关于散粉的Instagram（社交应用软件）帖子这样写道："泰国最畅销的产品！超级适合我的肤色。"另一个人则提到了产品的防晒系数。这些帖子表明，印尼的化妆品消费者认为，他们和泰国消费者的肤色及所处的气候方面更相似，所以，在泰国流行的产品也将是他们的合适之选。鉴于此，化妆品制造商可以考虑将泰国的流行单品引入印尼，并利用他们在泰国的热度为印尼市场营销造势。Oliver Wyman 对化妆品行业的研究表明，通过找出泰国最具前景的品牌并与之合作，制造商能将印尼市场的投资回报率提升 20% 之多。

社交聆听为企业价值链增值的作用远不止以上这些。例如，当微博上发布手机品牌 OPPO 关闭其首家位于上海市淮海中路的超级旗舰店时，网友的评论也许应该成为品牌"体检"的重要参考信息。社交聆听以洞察最直接和最真实的客户感受反作用于企业内部价值链的各个环节，企业要做的是把"客户聆听"当作其中的一个价值链环节，在各个专业部门的支持下，跟踪特定主题和关键词，同时避免受到虚假的、外行的泛泛无物的数据报告的影响。

外部组织协作如何创造价值

外部组织通常有两类：一种承担"供应商"角色；一种承担"销售商"角色，也就是承担了具体的价值环节，如某个部分的研发、某个广告的拍摄制作、某个地区的分销。相互协作将让外部组织从内外两个方面更好地发挥其价值效果，因为这将减少外部组织的投机行为，也将提高他们的归属感。而且协作可以让整个价值链变得有序，从而降低"内耗"，也可以降低企业和外部组织间的衔接成本、各自的管理成本，还可以提高整体的运营效率。

如何管理外部组织实现价值增值

除了建立常规的管理体系，比如针对供应商的供应商管理体系，针对销售商的代理商合作体系等，想要管理好外部组织，还必须处理好双方关系和资金往来问题，这是两个关键，而且能否达成管理效果很多时候取决于关键要素的控制方。

第一，通过多种手段协调双方关系。一般可以采取建立激励机制和争端解决机制、持续建设跨组织的标准操作流程和行为评估系统等手段。

第二，建立信息共享机制。与外部组织共享必要的信息，让双方企业全面快速了解提高效率和达到效果所需要知道的信息。

第三，完善资金往来的管理。将资金管理与企业信誉管理相结合，避免潜在的投机行为。

上下游企业建立战略伙伴关系的可行准则

相互合作但都保持独立法人关系和股权关系的上下游企业是外部组织的典型代表，建立战略伙伴关系对企业实现价值增值至关重要。抛开那些只拿战略合作来当个噱头的现象，很多企业并没有真正掌握战略合作伙伴的根本。尽管推行战略合作伙伴的建设，但往往没有达到预期的效果。

【准则1】内核：降低交易成本

之所以没有真正建立战略伙伴关系，是因为双方最后通常都陷入交易本身，也就是伙伴间以追求某个价格成交成为战略合作伙伴的目的和指导原则！这完全背离了战略合作的初衷！战略合作必须是双方形成可持续的、相互促进的合作关系。当陷入交易本身时，必然是卖方期望高价卖出，买方期望低价买入，这会形成事实上或者双方各自认为的不公平交易，导致利益的不合理分配，最终让战略伙伴关系崩塌。

真正的战略伙伴应该是致力于降低双方的交易成本，而不是追求最低（最高）的交易价格。双方应该从增加信息的透明度、降低交流（如讨价还价）的障碍、实现合作产品（或解决方案）的升级等方面入手。

【准则2】支撑：跨界的流程和组织

要实现战略伙伴关系，必须要上升到另外一个层面，从业务活动方面跨越企业间的壁垒，将两个企业的衔接流程重组成为一条流程，把企业相关业务的流程边界拓宽到两个企业，实现跨企业组织的重组。只有这样，才能把两家企业整合到一起，也就是说，从组织上保障战略伙伴关系。这也是未来企业要探索的无边界组织的一个落地实践。

【准则3】约束：排他性

由于战略合作伙伴毕竟属于不同的法人组织，而且不存在关联的股权关系，要维持这种关系，必须通过一定条款来约束相关方的行为，其中关键的一条是双方合作需要有一定范围的排他性。这种排他性可以根据实际，从关键维度进行切分，比如界定在一定产品范围、一定地理区域、一定销售渠道等。

【准则4】激励：远期激励

对双方来说，需要根据远期经营目标，设定针对某些目标的长期激励，比如采购金额目标、质量目标、时间目标、效率目标等，通过对能够反映双方长期经营成效的结果进行奖励，鼓励双方共同努力！

本章精要总结

关键词：价值链；延伸；增值

价值链增值！

价值链工具是一个战略框架，也是一个流程管理框架，也是企业定义和分析为客户创造价值的逻辑结构！掌握和应用价值链工具犹如开局打仗建立起阵势和行动方略。

企业需要用价值链突破内部局限，企业的客户、企业的外部协作组织都要纳入统一的价值链思考和管理范畴，充分发挥外部价值链环节对企业价值创造的作用！

另外，也是时候对内部价值链进行重新定义和重组，并找到各个环节的创新增值方式，这将重构企业的商业模式，形成后续经营活动的行动纲领。

第八章

用流程重塑管理①

　　某企业随着规模的扩大，部门越来越多，经理、总监越来越多，很多流程往往要经过很多人审核、审批，而且互相推诿的现象也频繁出现，一些事情看上去有很多人管，但实际上真正负责的人却没有，企业陷入"程序正义"的怪圈，效率越来越低。为改变这种状况，该企业多次尝试精简机构，但都徒劳无功。最终，企业将目光投向流程优化，通过流程优化来解决效率问题、组织架构问题。

　　管理的优化总是有很多理论和方法，对经营者来说，是否有一种广泛适用且能围绕经营本身的途径呢？这种途径是否特别适用于企业价值转型的变革时期？

　　企业要想变得更好，除了提升"人"，就是提升"事"，而这个

---

　　① 本章中关于流程管理的一些基本方法笔者受益于陈立云、金国华的著作——《跟我们做流程管理》（北京大学出版社，2010），以及早年与 AMT 的合作经历与项目经历。

"事"必须靠流程来开展，所以有些时候笔者常说，企业经营的问题中除了"人"的问题就是流程的问题。

流程这个词的英文是"process"，其包含了很丰富的内容，基本涵盖了为实现目标的整个过程，包括步骤以及这些步骤的方法和技术要求，也是一个输入目标以后的处理过程，并最终实现输出。所以把"流程"当作"process"的翻译更能体现其本来的管理价值，而不是单单强调顺序的"流程"。

"科学管理之父"泰勒（Frederick Winslow Taylor）也认为："管理就是确切地知道你要别人干什么，并使他用最好的方法去干。"在泰勒看来，管理就是安排他人用最好的办法去工作。也就是，当企业明确了要做什么以后，可以通过流程管理实现目标。由于所有工作都是"process"，可以说管理就是管理"process"！流程管理就是在目标明确的情况下以流程为导向的管理，流程是主线，也是载体，流程管理集成了战略管理、绩效管理、IT管理等管理要素。

在生产管理这个板块，人们很容易理解流程管理，而且这也是狭义流程管理的常见范畴，如今企业需要跳出生产管理这种显而易见的程序式的狭义的流程管理，回归流程管理的本来含义。在这里，我们可以看看以销售为核心工作的销售人员与以管理销售为核心工作的销售经理的差异（见表8-1），这样能更好地理解流程管理的更广泛的含义和意义。

在一些企业，当一个销售人员有非常好的业绩以后，他往往会被提拔为一个销售经理（这里指管理一个销售队伍甚至多个销售部门，而不是职务抬头）。过往的销售业绩和对企业的熟悉成为很多销售人员提升的关键因素，企业希望通过提升业绩好的销售人员来达到更广泛的好业绩，然而，事情往往不是按照企业的设想发展，部分被提升者和被管理者发现自己不能或者不情愿地为提高销售业绩而工作。因为销售人员的环境更加明确、自由、直接，以客户为中心；而销售经理的环境更加模糊、更被约束，有更多控制性工作和内向性工作。于是，一名顶尖销售人员被提升为销售经理，非但没有促进他在新岗位获得成功，反而成为障碍。

表 8-1　销售人员和销售经理的工作区别

销售人员	销售经理
·直接明了的成功标准，如销售额、销售目标达成率等 ·明确的工作指示，即开展销售步骤 ·对自身如何对企业做出贡献有明确的理解，即成交和进项 ·通过不断的销售成功可得到明确的业绩奖赏 ·厌恶条条框框，把大部分时间花在绕过公司条框满足客户上 ·喜欢成为企业"明星"	·间接甚至含糊的成功标准，如下属销售人员的表现等 ·含糊的销售管理步骤，或完全缺乏管理步骤 ·除了下属销售人员的销售额以外，对自身如何促进企业价值没有明确的定义 ·没有经常性的业绩奖赏，所有评价都集中在较长时间，比如季度末或者年末 ·必须执行他们曾经厌恶的条条框框 ·需要督促下属成为"明星"，自己做幕后英雄

要解决这个问题，销售经理必须明确他需要通过对销售人员的销售过程开展管理来促使整体销售达成目标，销售经理的工作内容已经发生了变化；而且为了提高销售经理的工作主动性，同时需要重新调整工作的导向指标，这些指标和销售人员是不同的。从图 8-1 我们可以看到，销售经理的主要职责变成了帮助销售人员达成销售和持续销售的过程管理，涵盖了各个有价值的环节，这些环节实际上形成了一条价值链，销售经理必须专注于提高每个价值环节的效果，达成对应的指标。显然，这样一来，销售经理的困惑将一扫而光，而对企业来说，销售管理的工作得以再造。

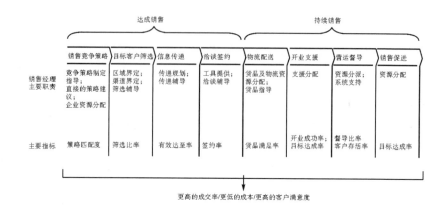

图 8-1 某企业经销商渠道销售过程/价值链的比率管理

通过流程管理来再造企业管理是一个必要的途径。流程管理可以单独作为改善企业经营的一个项目，也可以当作企业价值链创新增值的落地实施项目，因为我们在做流程管理时有一个必须要经历的步骤——梳理流程总图，流程总图是企业价值链的体现。其中，对一般企业来说，推行流程管理（或者流程优化）往往更容易被企业各层级人员理解。无论以什么样的方式开展，流程管理都是重新塑造企业创造价值的能力的有效途径。

第一节　流程规划与管理

流程管理的八大步骤

开展流程管理一般可以按照八个步骤来实施（见图 8-2），规划工作包含在整个过程中，因为每个步骤都包含了不同内容的规划。

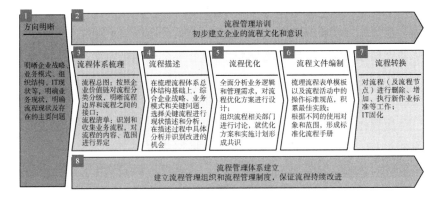

图 8-2　开展流程管理的步骤

步骤一：明晰方向

明晰方向是流程管理的前提。这个步骤首先需要明晰企业战略、业务模式、组织结构、IT 现状等。战略和业务模式可以帮助企业明确价值链，这是企业流程管理的根本；组织结构可以明确现在的组织职能与分布情况，以及哪些职能需要根据战略重新调整，故现有组织不能束缚流程框架，但对流程管理会有所影响；IT 现状主要是看在未来的流程管理上达到何种程度的固化，或者需要改善哪些 IT 能力来支持流程效果和效率的提升。另外需要明确业务现状、流程现状及存在的主要问题，企业需要透过问题看本质。同时，分阶段解决一些问题特别是急切且感受深刻的问题，也有助于流程管理的持续深入。

步骤二：流程管理培训

并不是所有人都能够深切理解流程管理及其价值，而且要想推动流程管理上下达成一致来降低实施成本，那么通过流程管理的相关培训来初步建立企业的流程文化和意识是非常关键的。流程管理培训要贯穿整个流程管理的过程，内容依据流程管理阶段的不同而有所不同，主要有理念培训、工具培训、优化方法、实际案例培训等。

步骤三：流程体系梳理

流程体系梳理也是流程框架梳理，流程框架是流程具体管理工作的总览，一般要完成两项工作：一是形成流程总图——按照企业价值链对流程分类分级（见图 8-3，分类可以理解为专业分工，分级则是管理幅度的需要），明晰流程边界和流程间的接口；二是形成流程清单——识别和收集业务流程，对流程的内容、范围、责任人进行界定（见表 8-2）。流程框架清晰地表现了企业是如何实现客户价值的，但不需要拘泥于表现形式，只要清晰、好理解即可。

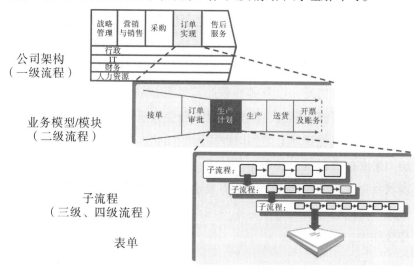

图 8-3　流程分类分级示意图①

———————————

① 来源于金国华先生的讲义，《流程管理理念、方法和实践》，笔者稍作修改。

表 8-2　某公司流程清单（部分）

一级流程	二级流程	三级流程	编号	流程起讫		流程责任人	协同岗位	流程待梳理状态		电子化程度
				流程起点	流程终点			需补充	需梳理	
接单销售	订单获取									
		销售政策制订流程								
		接单指标分解流程								
		接单流程								
		订单价格折扣审批流程								
		打样管理流程								
	订单下达									
		交期确认流程								
		订单变更流程								
		订单费用管理流程								
	合同管理									

表8-2（续）

一级流程	二级流程	三级流程	编号	流程起讫		流程责任人	协同岗位	流程待梳理状态		电子化程度
				流程起点	流程终点			需补充	需梳理	
		销售合同签订流程								
		销售合同归档流程								
	售后管理	客户投诉处理流程								
		订单维修管理流程								
		客户索赔管理流程								
		接单注意事项更新流程								
	回款管理	应收账款控制流程								
		应收账款坏账流程								
		开票管理流程								

梳理流程框架的时候要注意遵循六大原则：①体现公司战略思想，体现竞争能力，保持前瞻性，能够指导业务变革；②从业务视角进行梳理，而非部门视角；③流程要端到端、不重复、不遗漏、不打架；④可以由组织架构来匹配；⑤能够集成其他管理要素；⑥能够明确核心流程。

步骤四：流程描述

流程描述是对流程现状的呈现（见表8-3），是在对流程体系总体结构梳理完成后，综合企业战略、业务模式和关键问题，选择关键流程进行现状描述和分析，在描述过程中具体分析并识别改进的机会。

表8-3 某公司流程描述表

流程名：

流程目的：

流程概述：

节点序号	操作岗位	活动/作业描述	活动/作业标准				存在的问题	改进的机会点
			时间要求	标准/规范	输入	输出		

步骤五：流程优化

结合流程描述，全面分析业务逻辑和管理需求，对流程进行优化方案设计。此步骤需要组织流程相关岗位进行讨论，就优化方案和实施计划形成共识。

步骤六：流程文件编制

针对具体流程，梳理流程表单模板以及流程活动中的操作标准和规范，积累最佳实践经验；根据不同的使用对象和范围，形成标准化流程手册。一般包含流程名称、版本号、流程目的、适用范围、术语和定义、图例说明、岗位职责、流程图、流程节点说明、流程KPI、相关表单等内容。

步骤七：流程转换

根据流程实施计划，对流程（即流程节点）进行删除、增加、替换、执行新作业标准等工作。部分流程会通过 IT 系统固化，一些影响重大的流程可能需要在正式实施前空转试验或者试运行一段时间。

步骤八：流程管理体系建立

流程管理得以持续的关键是有人负责、有制度可循，所以必须建立流程管理组织和流程管理制度，来保证流程持续改进。

导入 CPI-7 管理

在具体的流程管理方面，导入"CPI-7"管理是对流程持续改进的有效方法。即使是企业没办法针对整个企业作全局性的流程管理，依然可以运用"CPI-7"工具来对单条核心流程进行持续改进。如果你发现企业里某条流程总是出现问题，或者需要重点管理某条对经营有重大影响的流程，则可以针对这条流程开展"CPI-7"管理。CPI 是"Continuous Process Improvement"的缩写，是持续改善流程的理念，一般可归纳为 7 个步骤：确定流程、绘制流程图、确定衡量标准、设定目标、分析流程、改善流程、管理流程（见图 8-4）。

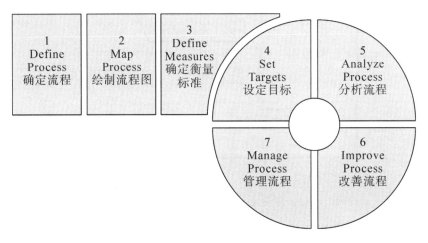

图 8-4 "CPI-7"管理循环

其中，"确定衡量标准"要将重点放在关键的人和活动上，而确定的衡量标准可以通过下列条件来评估：

· 与客户和业务需求的相关性；

· 确定性；

- 可实施性；
- 流程中人员的理解程度；
- 能够驱动所期待的表现；
- 可识别贡献；
- 用于改进表现。

"设定目标"则需要回答：用什么标准来表现，是客户（流程客户）还是业务计划；目标从什么地方得来（表现标准+实际表现水平+管理层）；这些目标的挑战性和可实现性有多大。设定流程目标示意图见图8-5。

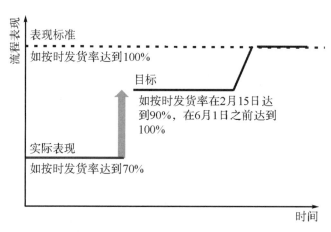

图 8-5　设定流程目标示意图

"分析流程"则需要详细理解流程是怎样运行的，哪里可以改进或者简化，也就是针对各项活动进行思考：它们为什么被执行？它们对流程的结果有什么贡献？最终形成价值评估，通过确认"必要机能"和删除"不必要机能"来实现改善流程的目的。

为确保流程持续改善，必须持续管理流程。如某公司在流程管理常态化方面会执行下列工作（见图8-6）：

·流程管理小组定期监控流程，衡量标准的表现；

·流程责任人主导团队（流程客户、流程提供方、流程节点执行者、流程管理小组）参与流程的回顾和评估，持续改善流程来保障流程产出；

·流程管理员对节点"做什么"和"如何做"的宣导；

·流程管理小组对流程节点"做什么"和"如何做"的持续梳理、提炼、固化。

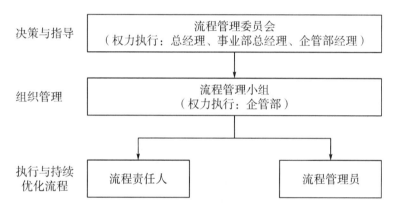

图 8-6　某公司的流程管理组织

需要特别强调的是："CPI-7"是一个持续改进的方法（见图 8-7），当第一个"CPI-7"循环完成后并不会停止，而且"CPI-7"支持所有改进行动，从解决问题到完成流程的再创建。

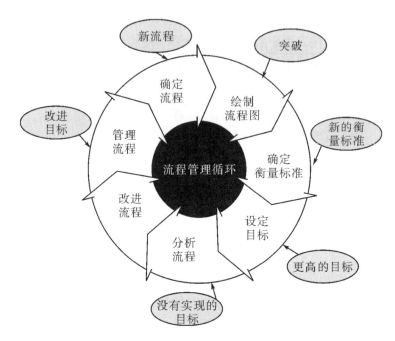

图 8-7　"CPI-7" 管理循环的内涵

建立流程组织

如同在企业导入 "CPI-7" 管理需要有管理流程的组织来支撑一样，所有形式的、不同深度的流程管理都需要有流程管理组织支撑。根据流程管理的需求不同，流程管理组织可以有不同的存在时间和虚实之分。无论是准备开展流程管理，还是已经启动流程管理，都需要有一定的流程组织来推动和实施流程管理。

如果期望流程管理可以达到再造管理的目的，整个流程管理的组织至少包含四种类型：决策者或组织、流程管理与流程组织管理、流程执行管理（流程责任人）、流程执行者（节点执行人）。"决策者或组织"和"流程执行者"比较好理解，分别承担决策工作和具体节点的执行工作。"流程管理与流程组织管理"是流程管理总领工作的管理组织，主要负责对流程相关组织的搭建、人员选拔任免、流程制度规范的制定、流程项目的管理等。承担流程执行管理的流程责任人是流程管理中承上启下的角色，也直接管理具体流程的成果（效率和效果）。

每条流程都应该有一个流程责任人，流程管理部门通过赋予流程责任人相应的权利与义务，来推动流程在各部门之间的运作，保障流程的运作执行。一般流程责任人的职责有 4 个方面：①负责推动与监督具体流程的执行效果，并实现流程产出；②负责流程执行的时效，保证流程运作的效率；③负责组织流程优化工作或者直接对流程中不合理的地方提出优化意见并组织完成优化；④负责跨部门的沟通以及问题的及时处理。

如果企业的流程责任人没有界定或者界定不清晰，则该流程的流程节点会因分散在各个部门和各岗位，被切割成碎片，无法形成有效的推动与衔接，流程的执行质量得不到保障，特别是当流程节点很多时更容易出现问题。如果流程责任人非常明确，则能够有效地推动流程在各个节点与部门间流转执行，提升流程执行的效率和效果。

企业可以根据不同人或者部门在流程中的作用，按照流程本身的最佳需要去选择流程责任人。流程责任人通常来源于 3 个地方（见图 8-8）。

显而易见的是，"流程责任人"并不是一个专职岗位，而是由公司其他岗位兼任，即这个岗位同时承担某些具体流程的执行管理职能。在一些中大型企业，可以通过设置专门的流程管理或者以流程管理为主要职能的部门或个人来执行"流程管理与流程组织管理"。整个流程组织和企业原有基于业务管理的组织一般会形成图 8-9 描述的关系。

流程受益者	流程经由谁触发？流程的起始部门和起始岗位是谁？ 流程的目的是什么？流程的最大的得利部门和得利岗位是谁？ 流程出了问题对哪个部门或者哪个岗位的影响最大？
主要职责者	流程主要经过的部门和岗位有哪些？ 流程哪个环节拥有最重要的审核审批权限？ 流程出了问题，谁担负最大的责任？
中立第三方	能够站在公司层面去解决问题的部门或者岗位？ 企业中的流程管理部门和流程管理岗位？

图 8-8　流程责任人的来源

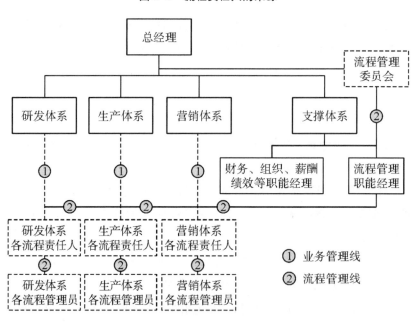

图 8-9　流程管理组织与业务管理组织的关系

流程管理思想在提高客户体验中的应用

客户是基于商品提供的效用而去消费，这就是最朴素的价值本质，它激发客户的购买欲望，决定了客户的购买意向。只有客户本人才能决定通过购买将获得什么样的价值，只有客户本人才能明晰是否物有所值。有如玛莎·L. 瑞金斯所认为的："人们需要的不是产品本身，而是产品的实用性，如给人们带来的抚慰与快乐、完成新任务的高效与便捷，以及炫耀性消费赢得他人的尊重。"价值最终内化为客户体验，客户体验是一个或者一系列的客户与产品、公司、公司相关代表之间的互动，这些互动会造就一种反应，如果反应是正面的，就会使客户认可产品或服务的价值，因此很多企业致力于通过体验式营销来提高客户对产品或服务的价值认同度。

企业想改善客户体验价值，可以采取的基本行动包含 4 个步骤：①确认大多数客户的切身情境，以及这些情境如何影响客户与产品或服务之间的互动；②针对不同情境下的不同客户，把握使产品增值的机会；③找出给客户带来一般收益的体验，并集思广益，将"一般"转化成"卓越"，甚至是"无价"；④找出客户体验中使客户成本增加的细节，然后集思广益，尽量削减客户成本，或将其转换成客户收益。

企业可以将客户与产品（或服务）发生的互动概括为 5 大环节，这些环节构成了客户体验参与流程（见图 8-10）：①发现价值：企业通过一定方式让客户发现其产品的价值，一般有"公司劝诱型""自我暗示型""局势诱导型" 3 种方式；②评价价值：企业以正确的形式为目标群体提供准确的信息；③获得价值：企业需要减少消费者购买产品所付出的精力、时间等成本；④整合价值：将产品融入客户的生活中，提高依赖性和影响力；⑤拓展价值：建立与客户的稳固关系和群体扩展能力。

　　企业要做的是遵循 4 个步骤以改善各个环节的客户体验：①明确在产品或服务的体验参与流程中，每一阶段所发生的各个互动细节；②评价对于每一类目标群体来说，这些细节是收益还是成本，抑或是中立；③在每个阶段找到至少 2 个可以增加客户收益、减少客户成本的机会，或是改进那些无过无功的细节，使其变为优势；④辨明在体验参与流程中，客户是否真的与产品、服务、购买环境产生了互动。

1	发现：公司劝诱型、自我暗示型、局势诱导型
2	评价：以正确的形式为价值群体提供正确的信息
3	获得：降低客户购买产品所付出的精力
4	整合：将产品溶入客户的生活/生产中
5	拓展：建立与客户的固定关系

- 明确在商品或服务的体验参与流程中，每一阶段所发生的各个细节
- 评价对于每一个价值群体来说，这些细节是收益还是成本，抑或是中立
- 在每个阶段找到至少2个可以增加客户收益、减少客户成本的机会，或是改进那些无过无功的细节，使其变为优势
- 辨明在体验参与流程中，客户是否真的与产品、服务、购买环境产生了互动

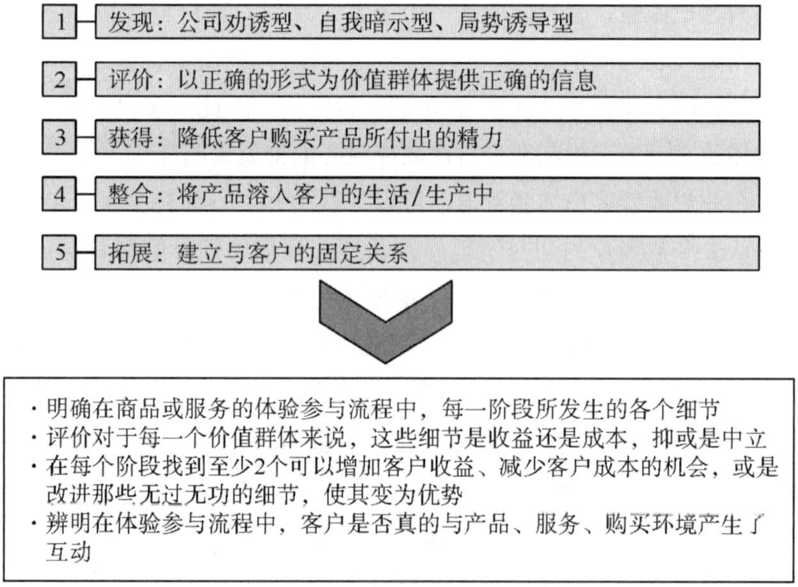

图 8-10　客户体验参与流程

在产品方面，你需要做到：①确认产品的物理、流程、艺术和关联等属性；②对于每一种属性，区别它对价值体验主题是消极、积极还是没有影响；③对于每一种属性，识别有利于提高价值体验的机会。

在服务方面，你需要做到：①确认适合你的业务的服务方式，你认为哪些方面能对价值体验产生重大影响；②列出客户需要服务时的各种情境；③明确企业和客户之间互动环节以及体验参与流程的发展程度。

在情境（环境）方面，你需要做到：①确定情境类型：企业所处的宏观和微观情境，由此发现怎样才能最有效地改善价值体验；②确定包括客户和情境间互动的关键接触点，及其发生在体验参与流程过程中的哪个阶段；③确定可以增加客户收益、减少客户成本，或者将客户成本转变成客户收益的机会。

在客户反馈方面，你需要做到：①客户会以什么方式反馈何种类型的信息；②如何利用客户反馈的信息来创造价值。

企业如果需要实施提高客户体验的行动，可以在企业导入"体验式营销分析矩阵"（见表8-4）来启动该行动。

表 8-4　体验式营销分析矩阵

体验式营销分析矩阵	发现价值	评价价值	获得价值	整合价值	拓展价值
	公司功诱型、自我势诱型、局势诱示型、暗势诱导型	以正确的形式为目标群体提供准确的信息	降低消费者购买产品所付出的精力、时间等成本	将产品融入客户的生活中，提高依赖性和影响力	建立与客户的稳固关系和群体扩展能力
	①明确在产品或服务的体验参与流程中，每一阶段所发生的各个互动细节 ②评价对于每一类目标群体来说，这些细节是成本、抑或是中立 ③在每个阶段找到至少2个，可以增加客户收益、减少客户成本，或是改进那些无过无功的细节 ④辨明现在体验参与流程中，客户是否真的与产品、服务、购买环境产生了互动				
产品	①确认产品的物理、流程、艺术和关联等属性 ②对于每一种属性，区别它对价值体验主题是没有消极、积极还是有影响 ③对于每一种属性，识别有利于提高价值体验的机会				
服务	①确认适合你的业务的服务方式，你认为哪些方面能对价值体验产生重大影响 ②列出客户需要服务时的各种情境 ③明确企业和客户之间互动环节以及体验参与流程的发展程度				

表8-4（续）

	发现价值 公司劝诱型、自我劝诱型、局势暗导型	评价价值	获得价值	整合价值	拓展价值
体验式营销分析矩阵	①明确在产品或服务的体验参与流程中，每一阶段发生的各个互动细节 ②评价对于每一类目标群体来说，这些细节还是收益还是成本，或是改进那些无过无功无用的细节，使其变为优势的机会 ③在每个阶段找到至少2个，可以增加客户收益、减少客户成本，服务，购买环境产生了互动 ④辨明在体验参与流程中，客户是否真的与产品、服务、购买环境产生了互动	以正确的形式为目标群体提供准确的信息	降低消费者购买产品时所付出的精力、时间等成本	将产品融入客户的生活中，提高依赖性和影响力	建立与客户的稳固关系和群体扩展能力
情境（环境）	①确定情境类型：企业所处的宏观和微观情境，由此发现怎样才能最有效地改善价值体验 ②确定包括客户和情境同互动的关键接触点，及其发生在体验参与流程中的哪个阶段 ③确定可以增加那个客户收益、减少客户成本，或者将客户成本转变成客户收益的机会				
客户反馈	①客户会以什么方式反馈向何种类型的信息 ②如何利用客户反馈的信息来创造价值				

第二节　三大优化法则再造流程

企业的管理是流程驱动的管理，如果需求、市场、竞争任何一方面发生了巨大的变化，企业的商业模式要实现根本性的改变，流程就必须要再造。例如，戴尔公司基于客户对电脑的功能和成本的新的需求，通过直销模式再造了电脑业务的整个业务流程；面对网络购物习惯的形成和网络竞争者的加入，传统线下零售企业就需要再造其自身的业务流程。正值市场呈现新趋势、经营要素发生变化，以及竞争态势发生变化的时期，因商业模式发生变化而引起的流程再造成为很多行业的必需。比如，餐饮行业的变化就很清晰地体现了这一点，点餐终端的应用、体验服务的流行、网络的发展、疫情的影响等，都促使餐饮业的流程发生重大变化。餐饮店的服务流程再造示意见图8-11。此种类型的流程再造在流程规划阶段就应该完成（见本章第一节"流程规划与管理"）。

当企业的商业模式基本定型，或者开始准备长期实施流程管理，那么在日常管理中，适时对流程进行优化将从"深度"上再造企业的流程（这区别于基于商业模式变革的从"高度"上的流程再造）。其中有三大法则非常有效，却被很多企业忽略，它们分别是闭环、增值、协同。闭环能够让企业真正管理业务流程，增值则让企业聚焦提高活动绩效，而协同进一步引导专注目标、降低内耗，从而提高效率。所有的企业如果将这三大法则（见图8-12）运用到管理中，优化企业流程，并促使流程被再造，往往能成就一个更好的企业。

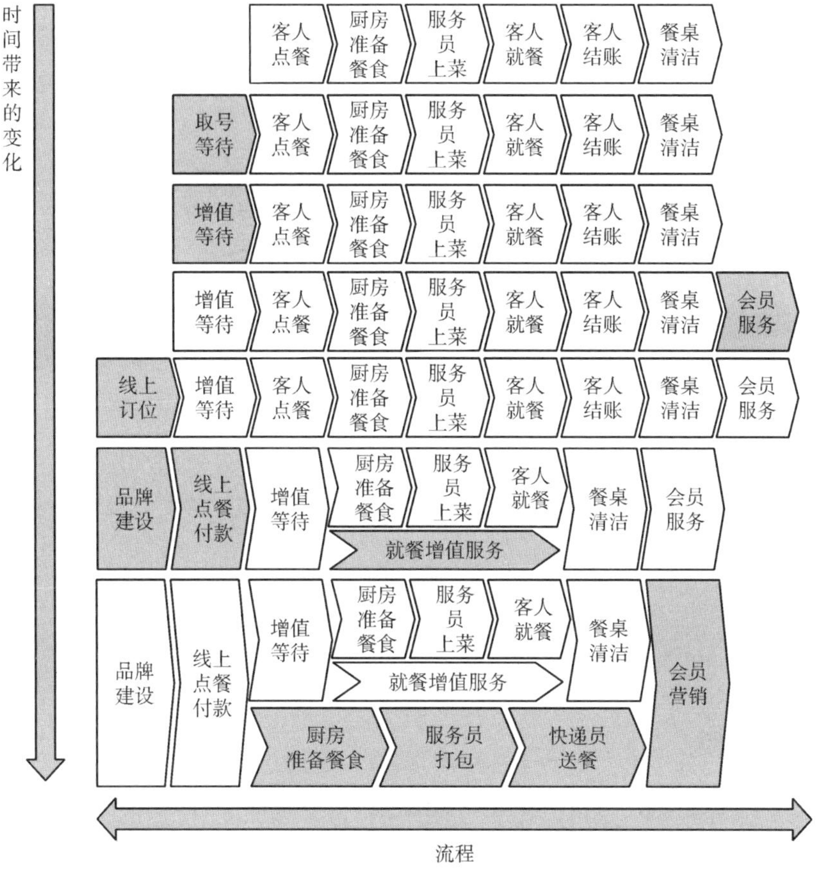
时间带来的变化
客人点餐
厨房准备餐食
服务员上菜
客人就餐
客人结账
餐桌清洁
取号等待
客人点餐
厨房准备餐食
服务员上菜
客人就餐
客人结账
餐桌清洁
增值等待
客人点餐
厨房准备餐食
服务员上菜
客人就餐
客人结账
餐桌清洁
增值等待
客人点餐
厨房准备餐食
服务员上菜
客人就餐
客人结账
餐桌清洁
会员服务
线上订位
增值等待
客人点餐
厨房准备餐食
服务员上菜
客人就餐
客人结账
餐桌清洁
会员服务
品牌建设
线上点餐付款
增值等待
厨房准备餐食
服务员上菜
客人就餐
就餐增值服务
餐桌清洁
会员服务
品牌建设
线上点餐付款
增值等待
厨房准备餐食
服务员上菜
客人就餐
就餐增值服务
餐桌清洁
会员营销
厨房准备餐食
服务员打包
快递员送餐
流程

图 8-11　餐饮店的服务流程再造示意

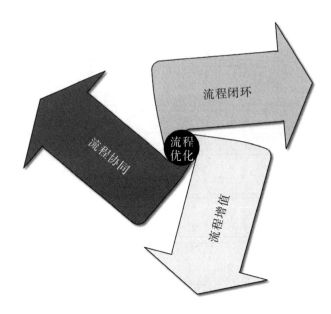

图 8-12 流程优化三法则

流程闭环

流程闭环（也可以称为"端到端"，参见图 8-13）的价值在于让某条业务流构成连续封闭的回路，整个业务流的输出效果被当作持续改进目标。闭环管理融合了 PDCA 理念，所以说闭环是围绕目标开展持续管理的手段，可以避免各项业务活动孤立或者割裂。

有一家外贸制造型企业，其为国际客户提供产品生产、包装、物流服务。一段时间以来，负责成品包装的部门发现包装箱在装好产品后还会空出很多位置，原来是这些产品的规格发生了改变，但包装箱还是按照以前的尺寸采购的。这至少会造成物流运费的浪费、包装箱成本的浪费、包装岗位动作的浪费等。当包装部门发现这个问题后，并没有向公司反映，而是停留在部门内部对具体采购人员的抱怨，这似乎演变成个人恩怨。表面上看，这是由于采购部门的失职，但更深层原因是这家公司对产品交付没有形成闭环管理，采购部门只把采购交付当作流程结束，而没有接收"内部客户"——包装部门的反馈并再进行改进。再往流程上游看，销售人员接收订单后，并没有触发包装调整流程，以至于包装流程被割裂出来。这家企业的包装问题所反映出来的是这家企业在横向和纵向上都没有做到流程闭环，让产品交付出现极大的浪费。

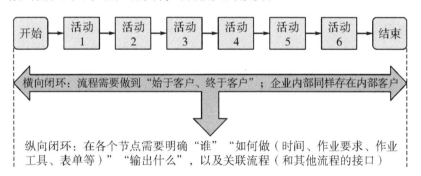

图 8-13 流程闭环

横向闭环我们可以简单地理解为流程需要做到"始于客户、终于客户"。在市场营销活动上，这比较好理解，但在企业内部，也需要把流程的内部交付对象当作流程的客户看待，这样才更不容易犯错。显然，这家企业的采购流程在"采购交付"这个节点就结束了，而形成闭环的必要节点——包装部门甚至是最终客户的"采购反馈"完全缺失！企业不仅要要求各个节点"做了"，更要对"做得如何"有要求，也就是为流程的客户负责！企业判断一条流程是否形成横向闭环，需要判断流程是否有明确客户，并将达成客户的需求、接收客户反馈当作本次流程的结束，而且这对于企业内部的客户同样适用。

纵向闭环指在各个节点需要明确"谁""如何做（时间、作业要求、作业工具、表单等）""输出什么"，以及关联流程（和其他流程的接口）。包装部门没有执行对包装箱的反馈动作是"作业要求"和"输出什么"的缺失，销售部门没有触发包装调整流程是节点缺失流程接口，采购部门采购了不合适的纸箱同样是缺乏"作业要求"和"输出什么"。纵向闭环是流程节点最好的保障，企业应该重新审视各流程节点是否具备这些要素。

流程增值

流程管理的成果是实现流程增值，让流程中的各个活动增值是提高流程执行效果和效率的必须过程。企业可以从两个方面入手：一是优化增值，二是管理增值。

开展优化增值的首要行动是判定流程中各个活动是不是增值服务（见表8-5）。流程活动一般有加工（不单指工厂生产的加工，任何通过操作而转变形态或成果的行为都称为加工）、检查、传递、耽误、贮存五种类型，你需要判断这些活动是不是真的增值活动，可以从两个角度分析：

第一，客户增值。判断的标准是，该活动为产品或服务提供了新功能或更优功能吗？该活动增加了竞争优势吗？客户愿意为此支付更多的钱吗？

第二，业务增值。判断标准是，该活动是依法律法规的要求必须执行的吗？该活动降低了所有者风险吗？该活动支持财务指标要求吗？如果取消该活动，流程会终止吗？

表 8-5　活动增值判定表

序号	活动描述	活动类型				增值判定		时间	操作者
		加工	检查	传递	耽误	贮存	增值活动	非增值活动		

增值可以分为两类：
①客户增值。判断的标准是，该活动为产品或服务提供了新功能或更优功能吗？该活动增加竞争优势吗？客户愿意为此支付更多的价钱吗？
②业务增值。判断标准是，该活动是依法律法规的要求必须执行的吗？该活动降低了所有者风险吗？该活动支持财务指标要求吗？如果取消该活动，流程会终止吗？

资料来源：陈立云、金国华，《跟我们做流程管理》，北京大学出版社，2010。

两个分析角度中，只要符合其中任意一项判断标准（回答结果为"是"），则可判定为增值活动。一定要抛弃固有思维——认为现在存在的流程活动就是合理的。企业对流程的每个活动进行增值判定后，需要采用"ESEIA 工具"（见表 8-6）对流程活动进行优化，让流程增值。

➤ E（清除）：彻底清除不增值的活动。

➤ S（简化）：对必要活动进行简化。

➤ E（增加）：根据客户及管理需要增加创造价值的活动和让活动的执行变得更加科学。

➤ I（整合）：对简化后的活动（包括管理要素和活动资源）进行整合，使之流畅高效并满足客户要求。

➤ A（自动化）：充分利用信息系统自动化功能，提高流程处理速度与质量。

表 8-6　ESEIA 工具检查表

ESEIA 检查内容（针对整条流程或者活动）				
E（清除）	S（简化）	E（增加）	I（整合）	A（自动化）
①尝试删除整条流程 ②删除不增值活动，比如过多的检查及重复的信息处理 ③删除不必要的知情权	①串行改并行 ②权责下放或决策前置 ③将活动性质分类从而简化部分流程 ④非核心活动外包 ⑤客户界面简化 ⑥将风险小的工作事前管控改成事后管控 ⑦信息模板标准化 ⑧简化工具	①检查是否符合端到端原则，是否符合 PDCA 循环原则 ②检查流程分类分级是否完整 ③活动节点是否细化到岗位、活动操作标准是否符合 5W2H 原则、活动经验点是否有提炼空间、异常处理方法是否清晰 ④流程接口是否清晰，不断点、不重复 ⑤是否要增加风险控制 ⑥是否存在流程增值点 ⑦流程评价指标优化	①是否与组织架构、岗位职责、绩效评估等管理要素整合在一起 ②是否存在对分散资源的整合机会，比如业务数据共享	①是否可通过 IT 系统固化流程 ②各 IT 系统是否可以整合 ③是否可实现 BI 报表 ④是否可应用移动互联手段打破办公时点限制

资料来源：陈立云、金国华，《跟我们做流程管理》，北京大学出版社，2010。笔者稍作修改。

流程最终是依赖执行来实现流程成果的，所以必须通过管理增值。通过管理实现增值要做到两点：

第一，流程的各个节点必须有而且要执行明确清晰的作业标准，做到这点可以确保流程在每个流程节点是有效的。最典型的情况是存在审核的"暗洞"（见图 8-14）。企业的很多"审核""审批"行为之所以毫无价值——不增值，是因为"审核""审批"行为没有标准或者不按照标准执行。"审核"者、"审批"者一定要明确：需要审核或者审批什么？审核或者审批的标准是什么？需要在什么时间内完成？下一步应该传递至哪一个部门或者岗位？若涉及流程驳回，驳回的标准是什么？驳回后传递至哪个部门或者岗位？

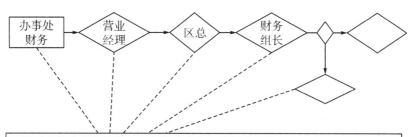

图 8-14 审核的"暗洞"

第二，流程的执行要有考核标准，做到这点可以消除对流程执行效果产生的障碍。企业需要建立流程 KPI 体系，并将其纳入到整个绩效考核体系中，通过有效的奖惩机制，保障流程执行。可以根据流程执行的效率与效果两个维度，定义流程每个节点的流程 KPI，完善流程 KPI 体系（见表 8-7）。

表 8-7　流程 KPI

流程名称：　　　　　　　　　　被考核人：

分类	流程目标	KPI 指标	指标定义/计算公式	目标值
效率				
效果				

流程 KPI 考核可以按照流程交由每个流程的流程责任人负责，流程委员会行使管控、审查权限（见图 8-15）。

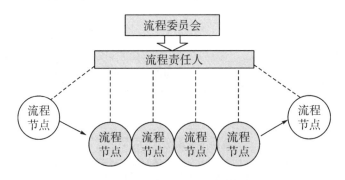

图 8-15　流程管控示意图

流程协同

协同，顾名思义就是企业作为一个整体组织，将企业相关的内外个体和资源协作一致地完成企业的目标。不断提高协同能力是提高企业效率的重要途径。企业要实现协同，至少需要在两个层面实现协同：一是组织的协同，二是流程的协同。

很多企业存在一堵堵无形的"墙"（见图 8-16），这些"墙"的存在使得没有人对业务全程负责，各个部门之间推诿卸责严重。

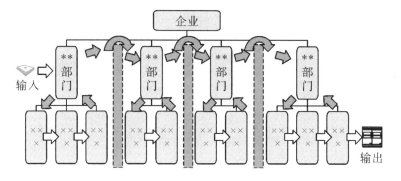

图 8-16　部门"墙"示意图

企业不能被原先专业分工形成的组织架构所禁锢，要从职能式管理向流程式管理转变（见图 8-17），以市场（客户）为导向，用流程来驱动企业运营，部门成为流程上的单元，而不是流程依附于部门，如此才能消除部门壁垒，让组织的协同性从根本上得以提升。组织的协同是实现企业协同的最高阶段。企业要做的是把注意力放到流程（至少是关键流程）上，管理每条流程，促使其高效实现高价值的产出。

对那些具体的流程，除了建立信息共享制度以外，可以借鉴迈克尔·哈默（Michael Hammer）总结的一些优化后的流程所具有的特征，对流程进行优化来辅助提高协同性：

①尝试将一条流程中的若干种职位组合成一种职位，这将是流程避免多点协作困难的一种方式；

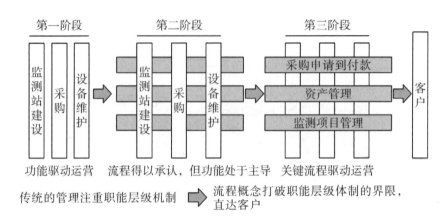

传统的管理注重职能层级机制 ➡ 流程概念打破职能层级体制的界限，直达客户

图 8-17　流程驱动组织的变化示例

②结合管控需要，将部分决定权前置，也就是说让现场工作的人员有决定权；

③流程中的各个步骤如果可以并行，就尽量并行；

④当标准化流程不能适应某些重要的情形，可以尝试建立新的合适的流程；

⑤尽量把工作地点安排在离客户最近的地方，也就是哪里最合适，就在哪里开展工作；

⑥减少那些不具有增值效果的检查和控制；

⑦从流程节点和作业标准两个方面，最大限度减少调整工作；

⑧设置面对客户的综合岗位，使其成为对接客户的唯一联系人，或者使用在线平台统一界面；

⑨对同类型流程进行集中运作，但又保持部分流程可以分散运作。

除了组织的协同和流程的协同，企业需要关注流程上各个环节的资源是否协同，资源协同是消除浪费等隐性成本的关键。这里所讲的流程环节的资源是一个广义概念，包括员工数量、员工技能、资金、原材料、半成品、成品，甚至是各个环节的产出等。资源协同必须让各个环节达到平衡：每个环节的产出和支持产出的资源之间的平衡，不可过度要求该环节产出不匹配资源的成果，也不可提供过度的资源；流程各个环节的资源要协调一致，努力消除瓶颈环节。

本章精要总结

关键词：流程管理；管理流程

流程管理，管理流程！

即使你并不打算将你的企业管理模式完全变成流程式管理，通过流程管理来再造企业的管理也是一个必要的途径。最低程度上，可以单独将流程管理作为改善企业经营的一个项目，也可以当作企业价值链创新增值的落地实施项目。

商业模式变革是从"高度"上进行流程再造，而既定商业模式下，对流程的管理，则是从"深度"上再造了企业的流程。在这个过程中有三个有效的法则：流程闭环、流程增值、流程协同。闭环能够让企业真正管理业务流程；流程增值则让企业聚焦于活动绩效的提高；而流程协同进一步引导企业专注目标、降低内耗，从而提高效率。

第九章

实施组织重构　提升组织效能

　　某企业曾经是行业的龙头企业，最近几年被对手赶上，并且与对手的差距越来越大。难以逆转的是，整个行业的集中化趋势越来越明显，还有一些新兴的小企业发展势头也很好。作为曾经的行业龙头，如何扭转这种颓势呢？企业把目光投向现有的组织，也正是这个组织帮助该企业做到了行业龙头，如今，市场迅速变化，原有的组织形态已经不能完全适应这个市场了，甚至制约了企业前进的步伐，企业希望通过重塑组织活力来增强"内功"。

　　为面对现在和适应未来，经营者需要让组织拥有什么样的职能？什么样的结构？什么样的能力？又该如何重组组织？如何管理组织？

　　组织是流程的外在表现，当企业明确了"要做什么"和"如何做"才能搭建相应的组织，组织用来支撑企业价值的实现，因此才会有"组织要体现战略"的说法。

　　企业的经营活动自然形成流程，流程中具有相同专业特征的活动汇总并归纳成为"职能",并通过组成一定的"组织"来统一完成,也就是在组织架构中最常见的形式——"部门"(图9-1),"部门"也是组织的基本要素。

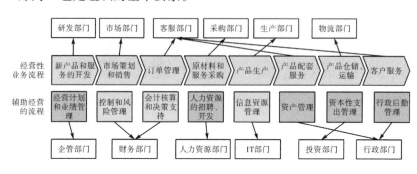

图9-1 流程如何转化为部门示意图

因此,对组织的重构首先要从部门(职能)入手。除此之外,组织重构还必须包括对组织权力(很大程度体现为层级)、组织边界和组织能力的重构。部门(职能)、权力(层级)、边界、能力一起成为重构组织的四大要素。部门(职能)解决了"可以做什么"的问题;权力(层级)解决了如何保障组织运转的问题;边界解决了企业在产业中的价值和企业内部的组织创新问题;能力解决了人力的配置和创造力问题,也是更深层次地解决"可以做什么"的问题。

既定产业角色下,组织需要支撑企业商业模式的再造,支撑价值链创新,你要思考:如何来重组企业的组织职能?权力在组织中怎样分配才是合适的?如何让企业的组织变得更加具有弹性,即如何开展内外部组织的管控?通过这些思考,最终实现组织从胜任力到创造力的转变,达成组织绩效。

第一节 职能重组

鉴于组织架构的多样性，而职能是组织及管理的内核，在此只针对职能部分展开讨论。

从商业模式出发的职能重组

在新形势下，为了实现对商业模式要素（价值主张、消费者目标群体、分销渠道、客户关系、价值配置、核心能力、合作伙伴网络、成本结构、收入来源）的再造，对职能进行重组势在必行。这样才能为客户创造更好的价值。

➤重组判定 1

依据市场与价值的定义，重新定义职能需求及其重要程度。所有职能须为要满足的客户需求服务，比如，产品开发能力、产品供应能力、渠道覆盖能力、客户沟通能力、客户关系管理能力等，都需要匹配相应的职能水平。

➤重组判定 2

依据企业的收入来源调整企业职能。例如，企业的收入由产品价差转型至服务收入，或者增加服务收入，则组织职能需要增加创造服务、提供服务的能力。

➤重组判定 3

从产业价值链角度思考，企业需要承担哪些职能，并需要对产业的职能起到什么作用。这是站在产业视角对企业职能的一次再配置的过程，实现企业的产业角色，与产业共同繁荣。

> **重组判定 4**

改变企业内部价值配置。通过具体职能的增强或者弱化来改变企业创造价值的过程，使企业的组织职能偏重真正创造价值的地方，从而形成核心能力。

> **重组判定 5**

降低满足需求的总成本。从人的数量和能力两个方面提高产出效率，并且保持职能均衡，消除制约总体产出的职能短板。

> **重组判定 6**

提高对核心经营要素的掌控。结合企业的产业角色，增强部分职能来支撑企业形成对科技、人力、资本、传播媒介、渠道等经营要素中的某些要素的掌控，进而形成竞争壁垒。

判定前，需要先将组织的职能通过流程的方式再现出来。如图 9-2 所示，基于专业分工与管理深度的需要，一般建议划分到二级流程这个程度（流程总架构的下一个层级，但流程的内容会随着公司业务单元的多样化而变化）。各项职能需要明晰现状（人员数量、人员能力、职能发挥的完整性等），之后对各项职能的价值进行判定，最终，职能重组会通过增强、外包、再配置、维持等调整行动来完成（见图 9-3）。

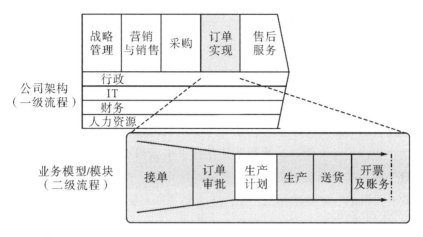

图 9-2　职能颗粒度建议

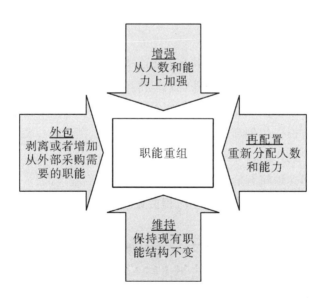

图 9-3　职能重组的方式

业务模型/模块
（二级流程）

接单　订单审批　生产计划　生产　送货　开票及账务

公司架构
（一级流程）

战略管理　营销与销售　采购　订单实现　售后服务

行政
IT
财务
人力资源

增强
从人数和能力上加强

外包
剥离或者增加从外部采购需要的职能

职能重组

再配置
重新分配人数和能力

维持
保持现有职能结构不变

从竞争出发的职能重组

当然，还存在大量的企业并不能或者还没有达到再造商业模式的程度，又或者希望在现有基础上做得更好，则可以采用另外一种职能重组的逻辑。那就是从竞争角度出发，思考如何通过组织来帮助企业建立竞争优势，并帮助其在竞争中做得更好。竞争市场通常有三种：产品驱动型市场、客户驱动型市场、运营驱动型市场。企业要采取的行动是辨别出所在行业主要是产品驱动型、客户驱动型，还是运营驱动型（有些时候会多种形态混合），它们分别需要建设什么核心竞争能力，并依据竞争特性重组企业的组织（职能）①。

➤产品驱动型市场

产品驱动型市场由产品决定市场需求。在这个市场里竞争，要求企业以最佳的产品功能或外观来取得竞争优势。

参与竞争的企业需要具备的核心能力包括：

·具有极强的创新能力，能开发出市场上领先的、没有的或满足特定需求的产品，并不断迭代升级；

·能迅速地将有价值的想法变为有价值的商业产品；

·业务、组织结构和管理流程的设置能保证企业快速应对一些变化；

·资源分配能集中在发明、产品开发和市场营销等主要流程上；

·具有以成果为导向的管理流程，可以衡量和回报新产品的成功但不扼杀可能失败的尝试；

---

① 埃森哲管理咨询公司曾认为组织战略和价值定位一般包含三种：最佳产品、最佳方案、最佳成本，并由此形成不同的核心能力、组织、人力资源。

·具有鼓励个人创新、改变将来的文化；

·具备创业环境。

参与竞争的企业具备的组织（职能）特征：

·组织结构扁平、灵活，可以随时重组以支持新领域的开发；

·具有产品设计和产品营销人员共同协作机制；

·实力强劲的营销部门；

·具有客户和产品类别管理人员共同协作机制；

·各领域专家部门作为后援组织服务于全企业。

➤客户驱动型市场

客户驱动市场中，客户关系决定市场保有量。客户是企业资产，企业需要以最优的客户服务和对客户需求的理解来保持领先。

参与竞争的企业需要具备的核心能力包括：

·企业对客户需求有专业和深度的了解，并能为客户提供有广度和深度的服务；

·具有建立关系、培植紧密关系、深入理解客户需求并长期向客户提供服务和产品的能力；

·能根据客户需求改造和组合服务与产品，哪怕为此充当中间代理或与第三方联合提供；

·能从客户的长远价值出发考虑，而不是局限于几笔交易的得失；

·岗位要求就职者技能多元化、适应性强、灵活性高，从而能处理客户任何合理的甚至一些不合理的要求。

参与竞争的企业具备的组织（职能）特征：

·有客户小组，专注重要客户，通常以客户的行业或地理来划分销售组织；

·销售和服务职能常常合并或者形成联合小组；

·建立跨越地理区域的组织，服务大型客户；

·员工被派到供应商或客户处工作；

·企业建立了许多战略联盟；

·有知识共享和技术协作组织。

➤ **运营驱动型市场**

市场需求对成本敏感，企业需要通过运营能力来实现最佳成本，以低成本、低价格、大规模销售在市场上竞争。

参与竞争的企业需要具备的核心能力包括：

·端到端的流程持续优化、系统化，从而可以降低成本、提高效率；

·运作过程标准化、简单化，且高度控制和集中计划，从而使各个层面的随机决策率降到最低；

·具备良好的决策能力，选择少量的产品类别，集中投入，以低成本价格优势组织大规模销售；

·强调产品的可靠与实用，避免多样化；

·具有大的销售规模，在类别上占领最大份额从而保持持续性供应，有效利用固定资产及其他固定投入；

·供应过程高度精细化；

·管理流程注重集中、可靠和高效，并服从规定，具有团队合作精神，人人了解计划、日程、运作规则和目标，可以保持行动一致、相互协作达成最高效率。

参与竞争的企业具备的组织（职能）特征：

·组织形成端到端流程体系；

·重视内部审计功能；

· 有独立部门专注运营标准的建立和维护；

· 服务性组织靠近客户并提供便利的服务；

· 重视信息管理。

第二节 权力再分配

对权力进行再分配直至降低个体代理成本，是重构组织权力和边界的一个重要方向。

纵向分配与横向分配

组织中的权力分配可以分为纵向和横向两方面（见图9-4）。

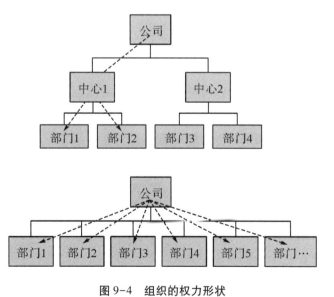

图9-4 组织的权力形状

纵向的权力分配指自上而下的决策权的分配，可以是集中控制或是非集中控制的。如今的趋势是更多的企业将决策权下放给靠近客户和产品开发的部门，以提高企业应对市场变化的速度和能力，避免"情况"层层向上汇报、"指示"层层下达。比如一些服装连锁零售门店和一些餐饮店的店员有直接进行售后处理的权限。

横向的权力分配指在不同部门间权力的分布。例如随着客户在购买过程中对价格、服务等条款的影响力的增加，企业往往在运作决策中将权力的重心偏向销售部门；而在成本压力不断增加的竞争下，整合采购成为降低成本的有效方法之一，这时部分产品决策权将移向采购部。显然，横向权力分配是随着价值链的变化而变化的。很多时候在做职能分配的时候就已经完成权力的分配，后续决策者要根据企业需求不断做调整。

但如果我们跳出组织形成的"围墙"，回到流程意识——组织的源头来，那么，企业需要通过"能力前移"和"去中间层"的行动来对企业的组织权力进行一次变革。例如，在很多行业，客户在产生购买行为之前其实已经做出购买决策了。影响这个决策的关键节点是市场推广职能，所以企业应该把资源向流程节点——市场推广前移，比如雇用更优秀的人、预算更多的经费等。但如果企业还是依赖销售人员完成销售，比如小型的服装连锁零售企业，那么企业应该把资源向流程节点——导购前移，比如雇用更优秀的人、支付更高的工资等。很显然，"前移"是让你的组织能力更接近产生市场价值的地方。"去中间层"一般和"能力前移"相伴而生，因为它有赖于"前方组织"的能力和职能被分配到"前方组织"。

以往，企业一般随着下层组织的成熟而将权力逐渐下放，但如今，企业不能单单依赖企业组织成熟度。广泛发生在整个社会的人员个体的高成熟度、管理工具的便利性和市场快速反应的需求，都需要企业将其能力前移和减少中间层。企业要努力做到的是排除下列影响到这两项优化方式的因素：

· 主管和下属的专业知识和经验——企业需要丰富他们的专业知识和经验来减少相互间用于沟通和指导的时间。

· 主管授权和目标制定的技能——企业需要培养主管更多地以"领导者"的面貌，如指出方向、制定目标、促成绩效来进行管理；而不仅仅是传统的"控制者"。

· 直接下属的工作性质的区别——企业要做的是建立和提供标准，因为区别越大，主管的领导人数就越少。比如，销售经理需要直接管理 15 个甚至更多数量的销售员，而总经理的直接汇报者常常为 7~10 个事业部或职能部的负责人。

· 下属工作的易衡量程度——企业要尽量让工作变得可衡量，以方便下属清楚知道他的工作如何开展。

降低个体代理成本

"能力前移"和"去中间层"的本质是客户导向的，通过消除组织中存在的"个体代理成本"将组织能力向创造价值的环节倾斜。

那什么是"个体代理成本"？企业创造的价值总是通过一定层级的个体到达消费者手中。以个人消费品的销售层级为例，一种典型的渠道层次如图 9-5a 所示，商品从制造商出来，经过制造商销售部、批发商、零售商，到达客户，其中包含 3 个中间层，每个中间层都行使某项或多项代理职能，协作完成商品物流流程、信息流程、付款流程、所有权转移流程、促销流程等。在每个流程中，每个中间层又都是由个体组成，个体的行为便形成个体代理行为，全部的个体代理行为的有机组合就完成了该中间层的代理职能。如图 9-

5b，我们可以看出，个体代理更细致地表现了销售活动中的渠道层次，并且事实上增加了渠道的层次，造成销售过程中产生难以控制的风险。如同这种销售过程中由于个体代理行为导致销售结果的不可控性，企业中其他的阶段性价值创造和交付的过程中因个体代理行为导致的不可控都称为"个体代理成本"。

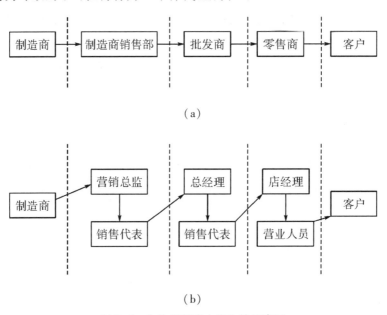

图 9-5　个体代理成本产生的示意图

常见的个体代理成本主要产生于个体对基本知识和信息的不完全掌握、个体技能不完善、个体素质欠缺以及个体道德欠缺四个方面。另外，个体代理成本的产生也符合理性经济人假设。个体代理成本为企业带来巨大的危害，例如财务风险、战略落地偏差、资源的浪费、市场反应迟缓等。尽管丰富的企业培训、完善的考核体系、周全的激励制度、健全的内部监督机制等都可以降低个体代理成本，但"能力前移"和"去中间层"是两个更直接的解决方式。

第三节 组织弹性

组织变得更加弹性比以往任何时候都重要，相信大家在如今快速变化和充满不确定性的环境下已经深有体会！组织弹性事实上影响着组织重构的四大要素：部门（职能）、权力（层级）、边界、能力。提高组织弹性是加强企业快速应对经营变化这一能力的重要途径。

提高组织弹性

组织的弹性体现在三个方面：员工数量、架构调整能力、多元组织。企业需要具有保持组织弹性的常态意识。

第一个方面是员工数量的扩展和收缩能力。未来学家阿尔文·托夫勒（Alvin Toffler）把应对企业经营活动定期变化的一种动态组织形态称为律动型组织，比如企业定期要开展的市场研究、产品测试、促销活动等，企业的组织人数不断地扩张和收缩。这种律动性组织必须依赖持续建设的标准流程和行为规范。如今，这种律动型组织不仅可以在某项阶段性的组织职能或者任务中应用，也可以在很多动态化业务单元中应用，比如以项目为业务单元的企业。所以如果企业可以清晰划分业务单元，而且这些单元是动态扩展或者缩小的，可以考虑这种组织形态。

第二个方面是组织架构的动态调整能力。除了依据商业模式和定期的战略调整要求开展的正常的部门（职能）、权力（层级）动态调整能力，还包括如阿贝文所说的"双面型组织"。双面型组织是指企业同时存在一个正常运营的组织和一个开展危机管理的组织。阿贝文是受到英国空军特别部队（SAS）的启发提出的该定义。SAS日常的组织是维持训练，而一旦产生危机事项，就要组织单独的小型危机应对小组，而要加入这个小组的成员必须先放弃他之前的组织甚至身份等级，成员需要完成等级与非等级的转变。

第三方面是很多企业忽略的，那就是企业要能允许多元化的组织形态同时存在。企业如果要解决表达不清楚的问题或者实现很宽泛的目标（在数字化时代对创造性要求更高的大背景下，这种情况会越来越常见），可以采用任务小组型组织，给其提供资源，允许其在公司正常规定之外运作，可以忽略现有公司的专业部门和等级关系。比如，某个汽车公司要设计一款吸引年轻人的汽车车型，于是组建一个任务小组，小组成员的平均年龄是 27 岁，公司给他们充分的自由，让他们按照自己的方式去做事情。

组织生态化

多元化的组织如果更进一步进化，其事实上就形成了一个组织生态。很多企业存在自发型团队或小组，这种组织不是由公司指派，而是由员工自发建立的。自发型组织通常跨越部门，没有地区或者职位高低的限制。自发型组织有自己的目标，而且这种目标通常是通过表决形成的，但要注意的一点是，必须确保这种组织的目标不能与公司总目标相左。更广泛地看，在很多企业的组织架构图之下，隐藏着一些看不见的组织：这些组织可能是因为某个共同爱好联系在一起，比如一群喜欢抽烟的人、一群喜欢踢球的人、一群喜欢打网游的人；也可能是因为之前有共同的经历，比如都曾经在同一家公司的人，都是当地人或者外地人等；也可能是某人单独建立的小团体。这些看不见的组织可以叫"影子组织"。"影子组织"在很多时候掌握着公司的实际权力，运用得好，可以四两拨千斤，运用得不好，则可能会阻碍公司发展。

如此一些自发形成的组织让企业家不得不思考其企业事实存在或者为迎合未来趋势都需要建设一个生态型的企业组织。组织生态化更深层次的原因是，数字智能时代世界观的升级（连接革命、共享、共生、被颠覆性科技颠覆、全球竞合等）以及未来社会的生存原则发生改变。组织管理将经历传统管理——矩阵管理——平台管理——生态组织管理的四个阶段[①]（见图9-6）。

图9-6 组织管理的四个阶段

组织生态化下，组织的个体变得多元化、自主度提升，而归属弱化；组织关系变化具有多属性、复杂性；组织边界变得淡化和模糊。生态型组织也是价值链共生要求下，因企业对突破组织边界的迫切需求而形成的必然结果。

争议与突破中的"零工经济"

网约车平台公司——Uber首席执行官达拉·霍斯劳沙希曾在2020年3月23日呼吁国会议员把疫情视为修改劳动法的机会，创造介于雇佣和承包之间的"第三种形式"。Uber在声明中写道，今后的

---

① 观点来源于西交利物浦大学执行校长席酉民教授在2019年管理学年会的演讲。

经济形势意味着更多人需要灵活、独立的工作，因此企业希望提高这种工作的行业标准。

中国的网约车平台公司——滴滴在中国拥有 1 300 万活跃司机[①]。依据滴滴的《专快车平台服务协议》，提供网约车服务的司机与滴滴公司没有任何直接或者间接的劳动关系。另据国家信息中心 2020 年 3 月 4 日发布的《中国共享经济发展年度报告 2020》，兼职就业成为共享经济领域具有代表性的就业形势。滴滴平台上兼职司机大约占到九成，78.9% 的兼职司机每天在线时间少于 5 个小时；美团平台上 52% 的骑手每天工作 4 个小时以下。

事实上，Uber 之类的"零工经济"公司大都将员工归类为独立承包商，而不是雇员。这意味着这些公司不负责其医疗保险、病假和最低工资等福利，并因此引发争议。但"Uber"们之所以能风生水起，很大程度得益于将劳动者的资源重新做了配置，从而节约了企业成本，也提高了客户需求。滴滴就曾借助算法和匹配技术，努力撬动一部分自驾车上班族成为顺风车业务的车主，以此来增加早晚高峰的弹性运力。

伯克利研究小组（Berkeley Research Group）的研究认为，如果将独立承包商重新归类为雇员，那么 80%~90% 的零工岗位可能会消失。加州大学伯克利分校（University of California at Berkeley）工资与就业动态中心（Center on Wage and Employment Dynamics）联席主席迈克尔·赖克（Michael Reich）则表示，如果司机成为员工，车费可能会上涨 5%~15%，这也意味着乘客需求将下降 3% 左右。

也许，我们更应该看到一种潜在的趋势是，"零工经济"的触发原因正在从企业视角转向市场需求视角和劳动者视角。企业视角注重

---

① 截至 2021 年 3 月 31 日的 12 个月里，数据来源于滴滴 IPO 招股说明书。

降低成本，比如，快餐连锁企业广泛使用小时工来降低用工成本，快递企业大量使用非正式用工的快递员。市场需求视角是市场需求的个性化和多样性导致的不均衡需要企业适时调整产出能力，比如工厂越来越多使用季节性驱动或者订单驱动的临时工。劳动者视角则是从经济学上看，"零工经济"也提高了劳动者对自己的劳动时间和闲暇时间的配置能力，这是作为理性劳动者追求自己的最大效用的必然结果。

这种因供需多方参与其中而导致的总体趋势发生的，且现在充满争议的"零工经济"终将找到解决争议的方法。在这个解决争议的过程中，对企业来说，不要被传统意义上的"零工经济"思想束缚，应该把内部员工和外部（可能）员工的工作时间和能力化整为零，重新配置，提高效率。

第四节　复合管控

跟以往相比，新的组织形态对企业组织的管理也提出了新的、更高的要求，笔者深为认同席酉民[①]教授的观点，企业必须在组织管理的两个方向——自治和干预中实现平衡。为此，企业必将迎来复合性的管控：治理（规则）+管理（权力）+支援（赋能）+激励（创造）。

治理与规则

最早源于国家政治的理论——治理（governance）概念被越来越多地用于企业的管理中。全球治理委员会（Commission on Global

---

① 西交利物浦大学执行校长、《管理学家》杂志主编。

Governance）认为："治理是或公或私的个人和机构经营管理相同事务的诸多方式的总和。它是使相互冲突或不同的利益得以调和并且采取联合行动的持续的过程。它包括有权迫使人们服从的正式机构和规章制度，以及种种非正式安排。"对企业来说，治理是围绕企业总体目标而对组织进行调和的过程，这个过程实现的基础是为组织运作制定的规则，制订好规则才不至于组织因过度追求自治而失控，而且很重要的是，规则是其他管控工作的前提。

组织运作一定要在一定规则下开展，这些规则包括策略/计划/规划（包含一定时间要达到的组织目标、可以实现目标的方案集合和途径）、政策（权威型的标准化的行动准则）、决策结构（决策主体和责任流程图，体现了组织权力结构中的职务和层次）和职责（工作内容和责任）。规则既包括组织本身的规则，也包括组织行动的规则。企业的高层管理者必须定期（一般是每年一次）开展规则的回顾，并进行查缺补漏和优化行动。

管理与权力

治理定义了规则，而管理是一种活动，在治理制定的框架规则下进行管理。可以说，组织管理很大程度上体现了并且依托于决策结构实际行使组织权力的过程。一般我们把组织中领导和支配的力量称为权力，这比组织架构的横向关系和纵向关系来得更加广泛，直接体现包括对活动的影响力（"事权"，比如对某项工作的建议权、决策权等）、对经济的决定权（"财权"，比如对成本支出的审核、审批权限等），以及对人事的决定权（"人事权"，比如人员任免权等）。

这些权力并不是为权力而生，而是为战略服务，是派生于企业的商业模式、价值链、流程，事权、财权、人事权都是为了企业可以更有效地实现企业价值。提高效率是建立在规则基础上的，或者说需要和规则之间达成一个平衡，而且是一个动态的平衡。某企业基于规则下的权限演化示例见表9-1。

表9-1　某企业基于规则下的权限演化示例

第一阶段					
审批权限原则	发生次数排名	发起人	部门	中心	事业本部
工作权限	前20%	申请	审核	审批	
	后80%	申请	审核	审核	审批
费用权限	前20%	申请	审核	审批	
	后80%	申请	审核	审核	审批
人事权限	前20%	申请	审核	审批	
	后80%	申请	审核	审核	审批
对外承诺（合同/协议/订单）		申请	审核	审核	审批
第二阶段					
审批权限原则	发生次数排名	发起人	部门	中心	事业本部
工作权限	前5%	申请	审批		
	前6%~15%	申请	审核	审批	
	后80%	申请	审核	审核	审批
费用权限	前5%	申请	审批		
	前6%~15%	申请	审核	审批	
	后80%	申请	审核	审核	审批
人事权限	前5%	申请	审批		
	前6%~15%	申请	审核	审批	
	后80%	申请	审核	审核	审批
对外承诺（合同/协议/订单）		申请	审核	审核	审批

支援与赋能

在企业组织职能中，传统用人力、物力、财力或其他实际行动去支持和援助组织中的人、岗或者其他组织单位的支援职能向主动赋能转化，来使组织中个体或者单位，以及企业相关的外部组织具备行使其职能的能力。赋能可以包括信息、知识、技能、工具等各个方面。虽然"支援"包含了"赋能"，但"赋能"——这个诞生于互联网企业的概念却把组织的去中心化趋势展现出来，试图建立一个扁平化、平台化的组织，并让组织总部致力于建设核心职能要素。

可以肯定的是，赋能不是也不应该成为流行语，而且企业需要远离这种"流行"。赋能是支援从被动转型到主动的一个结果，这其实是"管理"这个词自诞生以来一直追求的东西，就像弗雷德里克·泰勒（Frederick Winslow Taylor）的观点——"管理就是确切地知道你要别人干什么，并使他用最好的方法去干"，"使他用最好的方法"是赋能的根本所在。

在赋能比重增加的同时，要尽量避免因为要赋能而额外增加新的组织，赋能是职能但不等于组织、不等于岗位，企业千万要注意不要犯这种形式主义的错误！

激励与创造

对组织的激励有别于传统的对组织的控制的思维，强调通过适当的奖惩或者工作环境氛围，准确开展信息沟通，来激发、引导、保持和规范组织及其个人的行为，从而帮助有效地实现组织及其个人目标。

对组织的激励寄希望于激发组织和个体的自我创造力，从而达到企业期望目标。其中对过程的激励变得更加重要。企业需要找出对组织行为起决定作用的某些关键因素，弄清它们之间的相互关系，在组织行为和与组织需求满足之间建立起必要的联系，从而干预组织的行为。比如，创意型公司开展的灵活工作日程激励、技术型公司导入知识工资、创业型公司推行的员工持股计划等都是对过程的激励。

本章精要总结

关键词：组织重构；职能重组；权力再分配；个体代理成本；组织弹性；复合管控

重构企业组织！

企业的商业模式、价值链、流程发生变化时，必然需要对组织进行重构！组织的重构需先重组组织职能，再对组织权力、组织边界和组织能力进行重构。

对组织职能的重组可以从商业模式出发，也可以从竞争角度出发，最终目标是如何更有效地创造价值。

在对组织权力、组织边界和组织能力进行重构的过程中，要特别重视对权力的再分配和降低个体代理成本、增加组织弹性和提高应对弹性的能力、对组织的复合管控。

第十章
运用新营销组合提升营销效率

某眼镜品牌借助潮流的设计、经济的价格以及购物中心的崛起，成为业内主要的新兴品牌。该品牌借助重新定位原有市场并采用了匹配的营销要素，进而取得了成功。新冠病毒感染疫情的到来，极大地冲击了该品牌原有零售渠道。市场环境也是千变万化的，还有那些潜在的、可能会造成颠覆性影响的趋势，如新玩家的出现、新设计潮流的出现、更低的价格，甚至是小零售商的品牌化，都会对品牌营销造成冲击。

在这些情况下，曾经帮助该品牌成功的原有的营销组合还能不能继续发挥作用？还能不能巩固品牌的护城河呢？这也是大多数企业同样应该思考的课题：我们需要采用新的营销组合吗？

营销是企业洞察目标市场的需求，让目标群体了解其产品（或服务）进而购买该产品（或服务）的过程。为了实现这个过程，需要针对目标市场的产品、定价、渠道、传播等要素进行组合及运用，这也是常说的营销组合。当下，作为实现营销目标的过程，营销组合的本质并没有变化，变化的是具体的手段，因为随着营销底层要素的改变、竞争环境的改变、消费者的改变，营销组合的要素表现形式、内涵、具体策略要随之发生变化。企业需要让营销组合能够适应这些变化，并借此提高营销效率，这不单是因为营销效率变得更加容易衡量，更重要的是营销效率比以往任何时候变得更加重要，即使是你的企业在行业中正处于一个提供独特产品的定位。营销的精细化和精准化，是手段也是目标。

企业需要明白，不光是土地价格红利日渐消失，信息科技也改变了消费者的生活方式，改变了企业的生产方式，具备超级知识的人力使产出价值倍增，强大的资本往往左右着产业的发展方向、速度和竞争格局，传播媒介和客户（或者顾客）之间形成垄断性，渠道不断展现出分散和迁移的循环。这些企业经营的底层要素的巨大变化同样影响着营销。

从竞争格局上来看，一方面，市场向更少的大企业集中，各行业的企业通过激烈竞争最后越来越趋向留下头部企业；另一方面，还要面对随时可能出现的新的破坏者的挑战。

而作为需求源头的消费者也已经并在持续发生改变！这决定营销组合的一切：是否值得你去做？如何满足他们的需求？如何建立联系？如何与消费者沟通？消费者自我意识的加强不仅是呈现出新的消费趋势，也让消费者的重要程度得以强化！

矛盾的两极化市场同时并存，欲望爆炸与无欲望、多样化与无差异化，甚至这种矛盾存在于同一个体身上。市场并没有朝着单极化发展，充满共性需求的一个个整体市场也蓬勃发展，两极市场都充满机会，但中间态大概率不再受欢迎，这些都是一个高度发达的市场环境下的多样性的市场系统的基本特征。一方面对原有营销组合提出挑战，甚至完全不适应；另一方面也提供新的营销机会。而且市场一直在快速变化，倒逼着营销组合也需要有快速应对变化的能力。

尤其重要的是，消费者自身已经成为营销组合的一部分，企业努力给目标群体贴上标签，标签不断被强化给消费者，对消费者产生有力的暗示，但消费者自我的标签反过来又对企业贴标签产生巨大影响。而且消费者更深度地参与企业的营销过程，因为消费者已经不再是单纯的消费者，消费者已经以各种形式参与到企业的经营中了。

可以肯定，新的营销组合中，竞争者的动态作用和消费者的动态作用与各个营销要素会发生更加紧密的联系，形成矩阵式营销组合（参见图 10-1）。

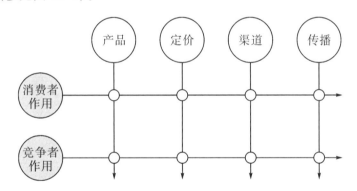

图 10-1　矩阵式营销组合

第一节　用户思维

"用户"是对"消费者"进一步的解构，用户是产品（或服务）的最终使用者，而客户（或者顾客）是对产品或服务形成服务请求和达成交易的购买者，用户和客户都属于消费者范畴，客户（或者顾客）可以是消费者但不一定是最终的使用者。用户关心的是使用价值（用户愿意为实现需求而承担相应的成本），而客户（或者顾客）关心的更多的是获取成本（客户愿意为获得产品而承担的成本或者得到的利益）。传统的营销组合是以客户（即顾客）为中心的，但作为消费者的"用户"成为营销参与者以后，营销组合就需要调整为以用户为导向，营销全程的体验和产品价值成为关键。用户在某品牌的商品供应链中的角色变化见图 10-2。

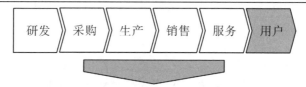

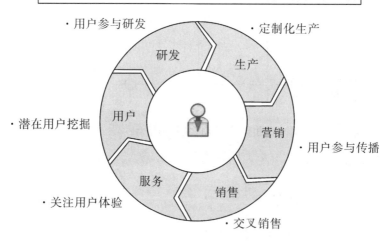

图 10-2　用户在某品牌的商品供应链中的角色变化

用户思维引发的变化

用户思维将对营销的进程和营销的要素两个层面都产生影响（见图 10-3）。

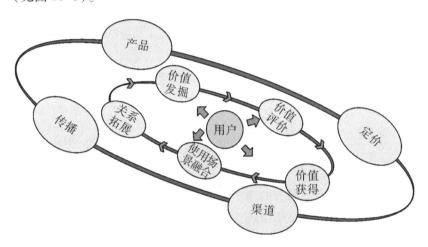

图 10-3　用户思维的营销进程与营销要素

在营销进程方面，传统的顾客思维让营销偏向于让产品到达顾客并成交的直线思维：判断需求—做产品—铺渠道（上货）—宣导告知；而用户思维要求营销具有连接思维，用户成为整个营销进程中的中心连接点，在"价值发掘—价值评价—价值获得—使用场景融合—关系拓展"整个体验过程中让营销要素和消费者形成关系链是营销的重点。具体体现在下面四个营销要素策略（见表 10-1）。

表 10-1 营销要素策略的差异性

营销要素策略	传统	现代
产品策略	注重：功能、质量、产品虚拟价值	注重：产品体验、产品传播价值 避免：宽度失衡
价格策略	注重：商品价格、商品毛利	注重：总购买成本、价格最高临界点、顾客总价值 避免：价格损失
渠道策略	注重：便利、效率、空间覆盖	注重：便利、职能多样、时间覆盖、形态多样 避免：效率失衡
传播策略	注重：载体	注重：内容、载体多样、激发成交 避免：传播短视、增加传播节点

产品策略方面：更加注重产品本身，而不是过于强调产品以外的虚拟价值；更注重产品的使用体验，而不单单是功能和质量，让产品可以最佳地体现品牌内涵；如果可以，要把产品的传播价值做好，以辅助提高产品力。

定价策略方面：降低消费者购买产品所付出的精力、时间、隐性库存转嫁成本等成本，从而增加降价空间；减少说服成交的障碍；定价无限接近于最高临界点；注重单客户的总体收益（或者是客户生命周期内的总价值），而不是每个商品的毛利率。

渠道策略方面：建立与用户的沟通关系来降低渠道多层级的影响；提高企业内外部的个体在渠道的影响力；发展可以覆盖用户时间的渠道；关注便利和效率的平衡；区别交易和传播的职能，并由此调整渠道投资和渠道规划。

传播策略方面：围绕目标群体关注的内容调整传播载体而不是围绕媒介形式；发挥用户和企业员工的传播作用，把他们当作传播媒介；任何与顾客和用户接触的物和事都是传播载体；注重分享，即使只是单纯地激发成交；降低传播流程节点。

进化中的传统生意

当电商开始蓬勃发展的时候，人们习惯于把主要依赖线下场所作为触客点的生意称为传统生意。长期以来，电商一直被认为是传统生意的恶意破坏者，但这种所谓的"恶意破坏"并不是电商行为本身，而是经营成本的不对等①造成的。但有一点可以肯定的是，"电商"这种形态让传统生意面临的经营环境发生了变化。传统生意要做的是依据环境变化赶快做出改变，这也要求传统生意必须通过自我的进化来保持新的生命力。要想实现进化，最简便的路径是研究你的顾客（用户）发生哪些变化，并做出改变，而不是抱怨竞争者对你的伤害！

如果我们有心观察一下大城市中便利店的变化，就能发现便利店这种业态其实已经脱离了传统便利店的经营范畴：符合新审美和充满吸引力的卖场色彩搭配、延长收银台来上架热食、拥抱"单身经济"而扩大休闲区域，甚至是提供现磨咖啡、线上外卖。便利店俨然成为一个带有轻食功能的生活小店，或者说是一个全天候多场景补给站。这一切都是围绕用户进化而产生的变化。如果把目光投向更早期时间，便利店也经历过多次变化，从"南货店"到"南北货"杂货小店、从"夫妻店"到"连锁店"、从白天营业到 24 小时营业，这些变化让"便利店"的生意依然存在。而其之所以能保持强大的生命力，得益于其因用户而变。

————————

① 笔者认为更大的原因是社会缺乏对新事物的公平规则而产生的，也属于治理范畴，这里不作讨论。

让我们再看一下另外一个传统生意——女性内衣。从最早的布文胸到后面的钢圈文胸，再到无钢圈文胸的盛行；从不分尺码到上下胸围，再演进到按照胸型或者区分大小码。这些演进总能诞生一个个明星品牌，这些明星品牌之所以能成立，是得益于用户新的价值需求。

传统生意随着时代的变迁，并不意味着失去生命力，反而其代表着用户的基本需求，甚至是刚性需求，只是需求的发现和实现过程发生了变化。经营者要弄明白的是，用户如何重新发现传统生意代表的价值、到底哪些环节发生了改变，并应该让生意随之进化。

第二节　产品效率

产品效率是企业在一定核算周期的既定投入下通过产品销售而产生的收益情况，最终收益是企业的期望、竞争对手的产品（及价格）的竞争、消费者的期望三者之间的动态博弈的结果，所以要提高产品效率必须对企业期望、竞争对手行为和消费者期望开展管理。这要求企业快速反应，合理缩短产品指标的监控周期和管理（调控）周期。

价值组合

在开启产品效率管理之前，有一个决定性的因素，这就是产品的价值组合，价值组合又是由商业模式决定，至少直接受其中的价值主张、消费者目标群体、客户关系、成本结构、收入来源等要素影响。这要求企业在做产品价值组合时不能只从市场和竞争出发，用户也必须考虑进去。从市场和竞争出发的产品组合模型与实例见图10-4。

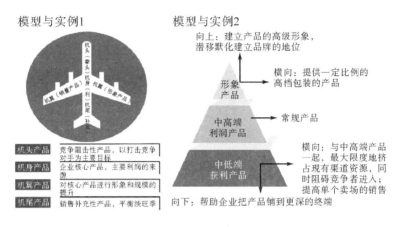

图 10-4　从市场和竞争出发的产品组合模型与实例

从市场（和竞争）及用户两个角度出发，对产品的价值组合可以考虑在四个方面分别提供什么产品及其比例结构：渗透率产品、忠诚度产品、边际收益产品、顾客占有率产品（见图10-5）。渗透率产品指那些用来提高潜在市场销量的产品。忠诚度产品是满足目标市场用户需求且用户可以形成偏好性购买行为的产品，是企业的核心利润来源。边际收益产品是指额外增加的销售单位且可以带来额外利润，或者不增加额外利润但却可以辅助来保障既得利润的产品，是基于用户利润最大化的考量。顾客占有率产品指在同品类中被顾客选择更多的产品。

如何理解这四类产品的价值呢？假设一个用户在一年中最多需要购买3个产品A或者产品B（A、B可以是类别），市场总的用户数量是10个，A企业只提供产品A，B企业只提供产品B，产品A的潜在市场销量是30个，企业A通过提高产品A在整个需求的占比就称为提高渗透率；企业 A 提供的 A 产品能够让用户持续购买，并由此产生主要收益，则该产品是企业 A 的忠诚度产品；如果企业 A 的用户平均购买 2 个产品 A，企业 A 通过产品 A 的优化产品或者通过销售策略的优化让企业 A 的用户平均购买量超过 2 个，则超额销售的产品称为边际收益产品；对于购买了产品 A 或者 B 的用户，让用户花更多的支出在产品 A 上，则称企业 A 有更高的顾客占有率了，顾客占有率产品是出于挤占对手用户空间的需求，这在很多寡头市场或者有限顾客边界的市场尤为重要。

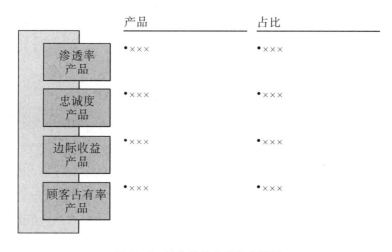

图 10-5　综合性的产品组合模型

　　既定价值组合下，重点要通过干预产品生命周期、平衡数量与价格、平衡需求与供应来提高产品效率。

　　对产品生命周期的干预可以控制产品创造收益的水平和时间。某零售店因为季节性原因，产品有非常明显的生命周期（见图 10-6）。Q1 产品的主力销售期通常为 1 月至 3 月，但因为气温等原因，往往销售时间有延迟，一旦延迟，将会增加库存风险。该零售店结合气温等外部条件，通过折扣的引导调节商品的销量，Q1 产品在生命周期的末端时期，迎来一个销量小高峰。

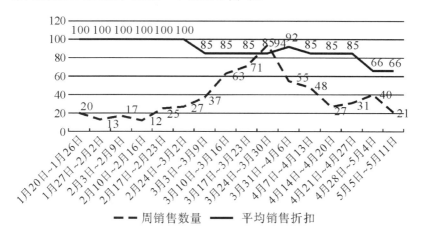

图 10-6 某零售店 Q1 产品周销售数量与折扣率

（资料来源：笔者某咨询项目中的数据调研分析报告）

在上面这个零售店的例子中，降价促进了销量的提升。当产品具有价格弹性时，降价会引起销量的相应增加，价格上升则会降低商品购买量；反之企业则可以采取提价策略，来提高企业收益，比如某些紧俏款汽车的加价行为并不影响销量。无论降价还是提价，都需要在销售数量上达成平衡来取得最高利润，也许不需要 6 折而是 6.2 折就能达到同样的销量，这需要实践和经验的结合来判断这个平衡点，而且从时间上来看，这是动态的。

另外，企业还有一个更高层面的动作——平衡需求和供应。只有使产品供应和需求保持平衡，才能让企业投入和产出达到最大效率。如果供过于求，造成产品积压，库存损失，如果供不应求，则错失创造收益的机会，而且需求和供应能够让各项资源得到合理配置和利用，避免浪费。

无论是对产品生命周期的干预、销售数量与销售价格的平衡还是需求与供应的平衡，都提出了敏捷管理产品的要求。

价格促销常态化下的定价逻辑

销售价格是决定产品收益最直接的因素。当消费者购买习惯发生变化时，原有的定价策略首先受到挑战。电商的各种购物节，如"618""双 11"，已经成为一个常态化的重要销售时间节点，这和以前线下的春节档、周年庆等各种大型购物节的逻辑是一样的，而上且因为互联网的影响力更大，这些时间节点显得更加重要。当这些特殊时期的销售占比很重时，必须重新思考销售定价的逻辑。

"618""双 11"等大型促销活动是将某个较长的时间轴上的需求集中到某一个较短的时间段上，这个较长的时间轴可以看作一条线，而这个较短的时间段可以看作一个点。此时定价的原点是这个"点"所在的时间的价格，可以把它叫作原点价，其他时间上的价格是在原点价之上的加成。只有原点价低于其他时间轴上的价格才会有集中现象产生。

无竞争条件下，卖家必须根据促销"点"和非促销"点"的销售占比，以及相应的成本、利润目标来制定最终价格。如果不是按照促销"点"为原点定价，则卖家将造成损失，也就是把原本应该获得的利润让渡出来了。比如当卖家在给他的忠实消费者开展降价促销，而且是在忠实消费者产生购买需求之前的时间开展告知，则相当于把原本应该获得的利润让渡给消费者了。当定价是从原点价出发时，则可以避免这个问题。

对于绝大多数卖家来说，总是存在竞争的。当有竞争的情况下，除了将长时间轴的需求集中到一个点以外，卖家还需要考虑在这个点的竞争力，只有更优的竞争力才能在除去基本销售（特定时间轴上正常的销售规模集中到一个点产生的销售）以外，获得额外的销售。因此定价的原点还是这个"点"！只是这个时候需要额外衡量是如何通过一定的成本来提高市场占有率或顾客占有率，以此获得更多的利润总额的！简单讲就是通过和竞争者的原点价形成竞争优势，并促使顾客购买更多，而为取得优势让出的利润需要通过更多的销售量来支撑，这个增加的销售量产生的利润需要弥补其降价带来的利润损失，除非你不考虑是否赚钱。

另外，我们还必须正视拼团型促销，因为以拼团为主要形式的社交电商已成为很重要的一股力量，无论是拼多多，还是淘宝特价版、京东京喜，甚至是更多的不胜枚举的基于微信的小型社交电商，拼团变得更加常态化。

拼团促销是在某个较短的时间段（点），把不同地理位置的需求集中起来。这同样是一定程度上把一部分市场需求集中起来了。这个集中需求的过程在实际环境下更接近于卖家的主动竞争行为！因为如果是没有竞争，则拼团促销的价格要素将失去促销意义，拼团的作用只是在让供应的节奏达到卖家想要实现的目标。比如当消费者进一家餐厅吃饭，坐下来点餐前或者吃完后准备付钱之前查看团购平台是否有优惠，此时的优惠已经失去了促销意义。所以说，当拼团平台刚出现的时候，事实上是对很多传统品牌餐厅的利润侵蚀。拼团平台帮助新进入者发起了对传统市场的挑战。当拼团型促销成为消费者普遍接受的形式而最终成为卖家的日常行为，定价的原点是拼团价，非拼团价是在原点之上的加成。

在电商平台上，事实上"618""双11"的促销包含了拼团型促销，即使是非"618""双11"时间，电商也包含了拼团型促销！这不是说卖家采取了拼团的形式，而是电商本身具有的跨地理的属性决定的，不同地理位置的顾客通过电商平台的聚集，而形成一张集合的订单，这其实就是一个拼团行为。所以，笔者更倾向认为，拼团的更大的价值是传播，而不是价格促销，它就相当于让消费者知道"618""双11"。

总体看来，当促销成为常态时，定价的原点是"促销价"，而不是把"促销价"当作和"常规价"区别开来的一个特例。当促销聚集效应递减及竞争充分的状态下，是否会进入一个新的平衡："促销价"和"常规价"接近，而促销假日节庆只是变成一个购买时间的意义。

第三节　渠道重组

新形势下，渠道（这里的渠道指企业和消费者达成销售的通道）呈现出一些根本性变化，尽管有些行业目前并不一定都是如此明显，但这些变化依然值得预警。这些根本性变化对企业最大的挑战是对渠道效率的颠覆性，并由此要求企业必须重组它的渠道。

看透渠道的变化

变化一：从"唯一"变成了"之一"。消费者通过渠道获得厂家提供的产品在过去具有很大程度的"唯一"性，比如某个区域的"专卖店"和"代理商"、覆盖某个区域的商场和购物中心、甚至是某些产品和服务的唯一提供商，如今，消费者面对的渠道已经成为他获得产品的渠道"之一"，理论上，交通和科技的发展让消费者可以触达厂家的任何地方的渠道，另一方面，企业通过各种方式让

"渠道"触达消费者。

变化二：竞争范围从"有限"到"不限"。渠道的影响范围变得"无限"（理论上是如此，实际中企业可能会自主控制边界或者不能达成这个无限，但"无限"这个趋势是如此）以及随时可能加入的参与竞争者的不可预估性；渠道的竞争范围也变得"不限"，你是在和所有可以触达消费者的渠道竞争，比如开在某条街上的服饰专卖店以往只与这条街上的其他服饰店展开竞争，如今它需要和全国其他地方的服饰店竞争、和电商平台上的服饰店竞争，还有和社交平台的服饰卖家竞争。

变化三：从销售"渠道"到营销"载体"。渠道正在从营销组合中的"一个"要素转变为整个营销活动的载体，原有综合性的职能——"推广""销售""交易""存贮""售后服务"等，在新形势下正在依据不同的需求不断发生组合，例如很多消费者走到手机品牌门店时，只是去做产品选择或者最后体验一下产品，此时渠道的"推广"职能和"销售"职能被分开；厂家邀约顾客到门店参加会员活动，则是渠道的"销售"职能被依附于"推广"职能；消费者通过线上下单，到就近门店提货，此时原先作为渠道的门店只行使"存贮"职能，如果发生退货，可能行使"售后服务"职能。

这些根本性变化带来前所未有的挑战，其中最重大的两大挑战是：一是从便利到效率，企业要从原先专注便利的情况扩展到以效率为中心，效率则涵盖为用户提供产品和服务的效率，也涵盖企业的投入产出效率；二是新营销模式下所要求的职能转变，传统的渠道职能需要被新的营销模式重新解构。

为迎接新时期的渠道要求，企业需要基于地理覆盖和时间覆盖重新布局，也需要重构渠道功能，并由此对渠道成本重置。在地理上需要覆盖目标群体的集中区域，处理好填满瓶子的"石头和沙子"

的关系，此时，效率就能成为衡量标准。另外渠道也要突破空间的束缚，在时间上需要可以占据目标消费群体可能产生购物行为的主要时间段。渠道的覆盖不仅需要结合整个传播的需求，还需要结合新的企业营销价值链对职能重新规划，并对为此花费的渠道成本也重新调整，才算完成真正意义上的渠道重组！渠道策略模型见图10-7。

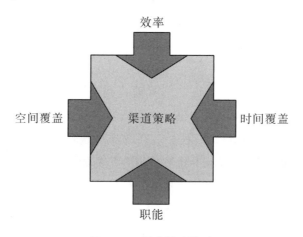

图 10-7　渠道策略模型

解构销售过程

突破传统型的销售机构（广义的销售渠道）包揽模式，解构销售过程，对企业的销售进行重组变得非常有必要而且可行，这不仅是因消费者和企业销售过程的连接需要引起的，也是提高销售效率所要求的。

以 toB[①] 型企业来说，一般的企业都存在一个销售部门，由销售部门完成对企业客户的销售工作。但在这个过程中，存在四个痛点：①销售人员的数量决定客户开发的数量，由于开发成功的不确定性，很多企业不敢也不能拥有一支庞大的销售人员队伍；②客户开发周期较长，销售人员的成本效率不高；③好的销售人员很稀缺；④所有的销售人员都在执行一整套的销售动作，其中包括他们不擅长的部分。这四个痛点显然造成企业在销售资源上的不均衡：前端没有足够的销售人员、获取的客户流量并不能很好地转化成合作客户、过多的钱花在没有贡献的销售人员身上。

如图 10-8 所示，如果把销售过程重新解构以后，我们会发现，"向潜在客户传递信息、客户召集、拜访预约""说服客户以促成首单合作或进入供应商名录""客户关系管理与持续订单获取"这三个不同的销售过程追求的目标不同、工作形式不同、难度不同、时间耗费不同、人员特质不同、产生的价值也不同。但我们分别为这三个阶段匹配不同的销售人员、不同数量的销售人员，并提供不同的工作方法和工具，以及提供不同的薪酬激励，就能让销售过程重新均衡，均衡的结果就是销售效率的提高。

对于传统的 toC[②] 型的零售企业，销售工作基本是由零售店铺来完成。但随着环境的变化，租金和进店数（流量）、顾客服务数（某个市场范围，单店可以分配到的实际顾客数）完全不对等，也就是平均流量成本严重提高，这种不对等是近年很多零售企业、零售店难以盈利的根本，而且这种现象不会消除，除非租金和流量形成新的平衡。

---

① 指面向企业或者其他团体消费者。
② 指面向个体消费者。

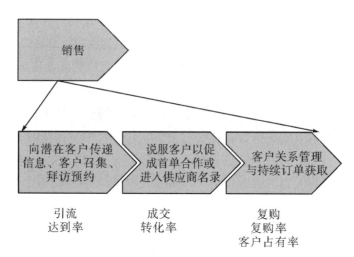

图 10-8　toB 型企业销售过程的解构示例

　　显然，以往单纯把零售店铺当作实现渠道功能的唯一载体是行不通了。如图 10-9 所示，零售企业一般可以将实现销售的过程解构成"吸引消费者进店（广告、内容输出等）""促成购买（视觉、话术、促销活动等）""消费者复购与关系扩展"，围绕这三个过程来实现销售。门店的形态也发生了扩展，作为销售活动中的个人也成为渠道体系的一部分，这两个方面的变化，让原有的渠道进行了扩展。

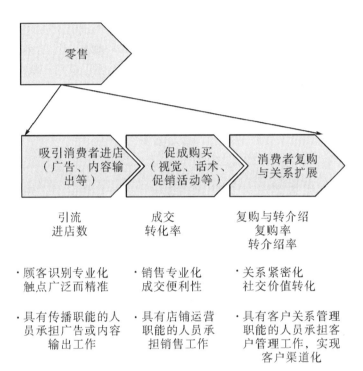

零售

吸引消费者进店
（广告、内容输
出等）

促成购买
（视觉、话术、
促销活动等）

消费者复购
与关系扩展

引流
进店数

成交
转化率

复购与转介绍
复购率
转介绍率

· 顾客识别专业化
触点广泛而精准

· 销售专业化
成交便利性

· 关系紧密化
社交价值转化

· 具有传播职能的人
员承担广告或内容
输出工作

· 具有店铺运营
职能的人员承
担销售工作

· 具有客户关系管理
职能的人员承担客
户管理工作，实现
客户渠道化

图 10-9　toC 型企业销售过程的解构示例

打破渠道边界

　　渠道的重组是对渠道的一次再组合，重组后也将突破原有渠道的边界，包括空间和时间的边界、渠道形态的边界、渠道职能的边界。和解构渠道过程一样，打破渠道边界是希望企业不要被原有渠道困住，因为一种固有的定义有些时候会成为前进的最大障碍！所以说，打破渠道边界是渠道重组的起因，也是渠道重组的结果。

　　运动鞋服企业特步为提高和统一用户体验，在云端打通移动互联网与线下各个商业渠道，形成"天地融合"的全渠道模式，融合的背后是跨渠道账户体系对接、跨业务线数据融通、前中后台系统矩阵整合。特步全渠道业务中台总体规划示意图见图 10-10。

图 10-10 特步全渠道业务中台总体规划示意图
（资料来源：阿里云）

眼镜连锁企业宝岛眼镜推动的"私域流量运营"则将门店形态扩展到门店号、小程序、微商城、社群、云店①，而且在各大社交媒体建设账户矩阵，如小红书、美团、微信公众号、抖音、快手、微博等，将引流触角扩大到各种社交媒体，同时也开展线上线下、异业资源的整合②，渠道的职能的边界也放大了。宝岛眼镜的私域流量运营示意图见图 10-11。

---

① 指消费者通过企业的云店系统开设的线上店铺。
② 宝岛眼镜把线上线下、异业资源的大整合称为"O×O"。

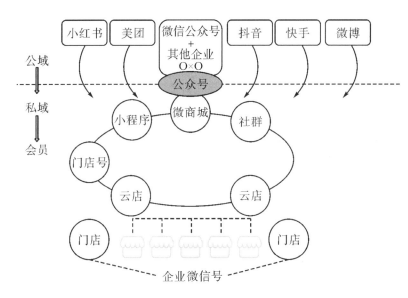

图 10-11　宝岛眼镜的私域流量运营示意图

（资料来源：《商业评论》2021 年 2/3 月期《宝岛眼镜：私域运营的底层逻辑》）

　　是否要去打破企业原有的渠道边界，要基于消费者的营销参与循环价值发掘—价值评价—价值获得—使用场景融合—关系拓展，这个循环的其中的一些环节是否能有效地和企业的销售渠道衔接起来。为此，至少有四方面的内容需要考虑：①考虑渠道对消费者的时间覆盖情况；②考虑渠道本身有多少时间花费在销售工作上，也就是渠道的有效时间占比；③考虑渠道在销售过程中应该发挥的职能；④考虑消费者和企业接触的人（岗位），让其变成渠道的一部分或者一种形态。

第四节 传播回归

传播是将企业、品牌或者产品的、你需要传递的有关信息在统一的策略指导下以同一声音传达给受众。为提高传播效率，信息的"一元论"和整合传播方式成为其中的两个关键点。如今，受众价值观已然发生变化、传播在营销价值链的分量加重以及传播媒介与形式都发生了迁移，对传播的主动革新就成为必然选项。

另外，我们所处的移动互联网的时代已经完成了常态化转变（见图10-12），显然从"流量红利时代"进入了"存量时代"，而且接触用户的媒体呈现出碎片化的特征，用户的时间分散在各个移动应用中（见图10-14），整个决策时间也被分散到各个时间段。所有这一切，必须要求企业的传播回归到根本——如何提高传播的有效性。

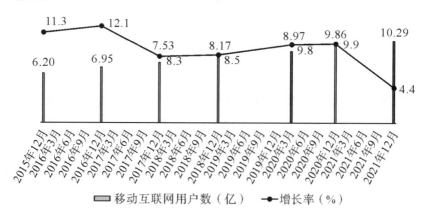

图 10-12 中国移动互联网用户数

（资料来源：中国互联网络信息中心《中国互联网络发展状况统计报告》）

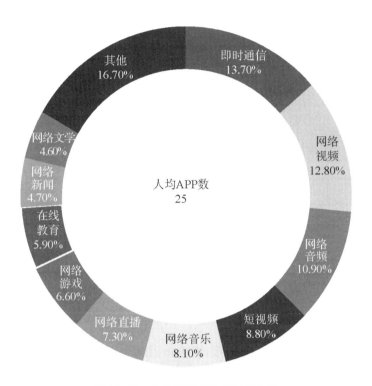

图 10-13　人均应用与应用时长占比

（资料来源：中国电信，截至 2020 年 6 月）

传播回归的五大举措

举措一：重新定义价值，避免价值老化。以笔者对各行业的品牌生命周期的研究，消费品品牌多数情况下在 5~6 年开启一次再定位，否则将陷入衰退，这个时间周期变得比以往更加短暂，工业产品的品牌周期大概在 10 年，但无论什么类型的品牌，其具体产品的生命周期可能更短。广告公司、咨询公司、策划公司等顾问机构都总结了很多非常不错的定位模型架构，企业可以借鉴，具体采用何种模型架构不能一概而论，重点是企业需要形成一个固化的流程，定期对企业和品牌（或者产品）进行价值梳理，以形成与市场匹配的价值定位。电通公司关于品牌价值定位的蜂窝模型见图 10-14。

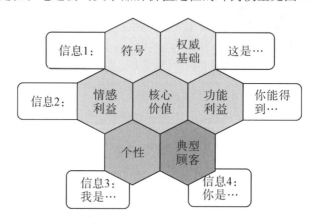

图 10-14　电通公司关于品牌价值定位的蜂窝模型

举措二：从资源到内容。传播资源指与目标消费者的"接触点"，传播内容指传递给顾客的信息和包含这些信息的载体（如文字、图像、视频、声音、语言、节目等，甚至是人）。碎片化的情况下，企业不仅要找到关键接触点，更要保持被传播的价值的一致性，回归到重视传播内容上。

举措三：整合关系利益人。曾经被汤姆·邓肯引入整合营销传播的"关系利益人"的概念，在如今应该被所有企业都重视起来。员工、顾客、投资者、甚至是普通公众都有必要也有可能建立联系，通过他们加强传播效果。

举措四：让传播再传播。企业需要考虑消费者的社交行为和群体性行为特征，通过转变独立性、刺激性传播为群体性影响，如移动应用的分享激励、toB 行业的资源联盟等；企业也需考虑将单一传播功能进行扩展，创造二次传播甚至病毒式传播，如让展示产品的包装设计得更加有趣或者可以被用作他用、扩大企业自身公益活动的参与者等。

举措五：让传播可衡量。"我知道在广告上的投资有一半是无用的，但问题是我不知道是哪一半。"曾经困扰百货业之父约翰·沃纳梅克（John Wanamaker）的传播效用谜团在今天得以很大部分解决。企业有很多指标可以衡量传播的效果，特别是数字化的营销传播（如到达率、浏览量、停留时间、转发量、转化率等一系列各种数据指标），尽管并不是像媒介平台宣传得那么精准（很多时候还有刻意的数据造假），但对传播的效果可以更容易衡量，而且企业也必须针对传播建立衡量指标。

举措也许还有很多，但对企业来说，所有的传播都应该回归传播本身，努力提高传播效率。

传播的"笨办法"：靠近消费者

"存量时代"用户时间分散（对媒介的分散和自我时间的分散）让传播回归到最原始的方法——那些看起来很笨的办法变得更加有价值。这些笨办法的秘诀就是靠近消费者，想办法让你的信息从内容和距离上都最接近消费者，而不要过于期待爆发性的传播效果，笨办法也让可以传播变得可衡量。

这方面，靠卖瑜伽服冲出重围的黑马——运动服饰品牌lululemon可以说是使用这种方法的典范。lululemon于1998年在加拿大创立，品牌抓住了瑜伽运动这一细分小众市场来切入。区别于Nike、Adidas等运动服饰巨头的运动明星策略，lululemon选择与全球各地的瑜伽馆创始人、瑜伽教练或健身教练合作，通过提供免费服装等方式邀请他们担任"门店大使"（lululemon品牌大使的一种基本角色）。凭借这一扎实且传统的推广模式，以及赞助社区瑜伽课程，lululemon 迅速积累了规模庞大的粉丝。在精准市场定位和健康生活理念推广的助力下，lululemon 逐渐从众多运动服饰品牌中脱颖而出，成为年轻女性运动时的重要品牌，这些消费者对 lululemon 具有极高的忠诚度。而后 lululemon 逐渐发展成一个全品类品牌，并于 2007 年正式登陆美国纳斯达克证券交易市场，2020 年全年收入达 44 亿美元。我们暂且不去讨论其从"小众"到规模化是否会遇到价值冲突，也不去讨论其成长有着对于新一代消费者的需求满足，单单就传播策略来讲，其能够以一种看似非常传统的办法与消费者之间建立品牌的"情感联系"，这对很多品牌或者企业都是很好的借鉴。

提高传播的边际效率

尽管我们不要过大地寄希望于任何传播行为可以取得爆发性的效果，但还是要注重提高每次传播的边际效率，也就是每花一块钱得到的传播效果要努力提高。这不单是传播这项工作本身的要求，也是企业整体运营效率的要求，而且当传播变得可衡量以后，企业可以从管理上进行控制和改善。

要想提高传播的边际效率，依然需要回归到消费者的"价值发掘—价值评价—价值获得—使用场景融合—关系拓展"整个体验过程中，分别找出适合你的、各个过程中的传播手段。

企业与 IP 的合作是促进品牌行为边际的手段，与关联品牌的跨界合作是提高流量边际的手段（见表 10-2）。但企业不可把跨界和 IP 的合作当作传播的"流量稻草"，因为所有的传播行动是为了建立自己的品牌资产，而不是为 IP 或者跨界品牌创造它们的"剩余价值"，切不可本末倒置，企业还是要把基础的传播功课做好！

表 10-2　奶茶品牌——喜茶的跨界合作举例

合作时间	合作品牌	推广产品	主要推广方式
2017 年 12 月	喜茶×B. Duck（卡通 IP）	小黄鸭的喜茶杯套、联名会员卡、礼品卡、表白卡、小黄鸭圣诞福袋	买饮品免费获得
2018 年 3 月	喜茶×Emoji（表情符号）	黑白两款 Emoji 表情限时杯套、随机 Emoji 纸袋	买饮品免费获得
2018 年 6 月	喜茶×L'OREAL（化妆品）	塑造亦真亦幻的二次元人物形象，美妆口红礼盒	能量巴士巡展活动，微博上#妆出喜茶色#话题，微信《想送你，喜茶色的口红》推文
2018 年 10 月	喜茶×百雀羚（国货护肤品）	联名款礼盒、会员卡、线下特别菜单	线上短篇故事的微信推文；线下复古风"芝芝巴士"在城市里奔跑
2019 年 1 月	喜茶×太平鸟（服装）	新年限定服饰礼盒、粉色主题的 T 恤单品	KOL 推广
2019 年 4 月	喜茶×杜蕾斯（避孕套）	七夕特别杯套	买饮品赠杯套
2019 年 6 月	喜茶×徐福记（糖果）	肉干茶王脆筒、肉松咸蛋黄脆筒	KOL 推广

255

表10-2（续）

合作时间	合作品牌	推广产品	主要推广方式
2019 年 9 月	喜茶×AAPE（服饰）	"HEYTEAAPE STORE" 限定系列——"迷彩波波冰"	港汇恒隆主题店
2020 年 8 月	喜茶×adidas Originals（鞋服）	多肉葡萄	喜茶×adidas ZX 7000 运动鞋四城"超融合"特别活动
2021 年 9 月	喜茶×苏五口（设计师）	手炒水、手造茶、以及手冲茗茶	联合创作喜茶深圳南头古城·手造店
2022 年 4 月	喜茶×藤原浩（设计师）	藤原浩特别款黑色特调、联名包材及随行杯、艺术杯等限量周边	"酷黑莓莓特调"限量供应；于五座城市推出跨界"黑 TEA"主题店；线上直播等

本章精要总结

关键词：营销组合；效率；用户思维；关系链；价值组合；平衡 定价原点，价值错位，渠道重组，传播回归

新组合、新效率！

随着营销底层要素的改变、竞争环境的改变、消费者的改变，营销组合的要素表现形式、内涵、具体策略要跟随发生变化，企业需要让营销要素的组合重新适应这些变化，并达到效率优化的目的。另外，需要理解的是，企业的营销效率变得更加容易衡量，同时营销效率也变得比以往任何时候都更重要！

在新的营销组合中，竞争者的动态作用和消费者的动态作用与各个营销要素会发生更加紧密的联系。其中消费者（用户）成为整个营销进程中的中心连接点，在"价值发掘—价值评价—价值获得—使用场景融合—关系拓展"整个体验过程中让营销要素和消费者形成关系链是营销的重点。

企业需要重新审视自己的产品价值组合，尤其要注意价格工具的应用，理解价格促销常态化的应对，也要避免价格导致的价值错位风险。

同样，渠道也在发生一些根本性变化，尽管有些行业目前的变化并不明显，但也要引起重视，因为渠道的这些根本性变化对渠道效率的影响是颠覆性的。应对这些变化的一些尝试可以从解构销售过程和打破渠道边界着手。

至于传播方面，需要采取一些举措，如重新定义价值、从资源到内容、让传播可衡量等，所有的传播策略、手段需要回归到效率这个传统要求。

第十一章
薪酬变革提升企业绩效

　　某装备制造、销售企业是行业领先的一家企业。由于竞争压力不大，员工工作轻松，即使不怎么努力，也能达成目标。但国际环境的不确定性，激发了企业的危机意识。企业想抓住还存在的时间窗口，提高员工的个人绩效，让企业的核心竞争力诞生于内部经营而不是过度依赖过往的市场优势。

　　如何让员工能够贯彻企业的战略意志？如何让员工发挥出更多的工作潜力并最终提高企业绩效？薪酬变革是否是其中的一个选项？企业该如何利用薪酬发挥促进绩效的作用？

　　从竞争角度看，薪酬是竞价人力资源这一经营要素的关键条件之一，为了提高企业绩效，企业需要通过薪酬等手段来获取想要得到的人力资源。有竞争力的薪酬是获取人力资源这一要素的重要手段，也就是说，有竞争力的薪酬能在人力资源从 0 到 1 的过程中发挥作用；同样的，薪酬还能在人力资源从 1 到 10 再到 100 这个过程中发挥作用。

传统薪酬其实是默认任何人都能胜任他（她）的岗位，并获取相应的薪酬，所以很大程度上，岗位理论上或者期望上的价值决定了薪酬。为体现岗位的相对价值，一般会通过一些要素来评估岗位的价值，如知识/技能、影响/责任、解决问题/制定决策、行动自由度、沟通技能、工作环境等，但这些要素也并不能代表在这个岗位的人可以创造出对应的价值。新的薪酬思路应该是让员工帮助企业实现各个岗位的岗位价值，而不是让员工因为他（她）所在岗位具备这些要素而获得薪酬，因为企业聘请员工工作，按照一定的周期付给员工薪酬，其目的是获得绩效。任职条件仅仅是证明该员工具备创造价值的基本条件，薪酬要做的是让员工创造绩效，实现企业期望得到的价值。

第一节　改变底层逻辑

为了让提高企业绩效的目的贯彻到薪酬中去，从而激励员工，企业可以试着变革薪酬结构，让各部分的薪酬可以和企业绩效关联，从而引导员工行为。

薪酬结构

笔者认为薪酬必须至少包含三部分内容：第一，体现价值结果，企业应该为员工创造出的结果支付一部分薪酬；第二，体现过程要素的掌控程度，企业应为员工执行了关键的行动支付一部分薪酬，这些行动大概率会提高成果达成的可能性；第三，体现可持续性行为或者可持续结果，这些行为或者结果可以让企业的经营保持持续性，这一点通常可以用用户价值来衡量。也就是企业应该为结果付钱，为成功要素付钱，为未来创造价值的能力付钱，由此，薪酬才有可能真正成为实现绩效的工具。

薪酬重点

除了对企业具体岗位薪酬结构进行变革，在更高层面，企业的薪酬支出和薪酬管理重点应该向对应的价值链倾斜，即将更多的支出和管理重点放在与客户有关的、具有创造性的，以及体现关键过程价值的环节（见图11-1）。于是，我们很容易看到，无论是哪个层面，薪酬的变革都应该围绕客户、创造性、关键过程来展开。

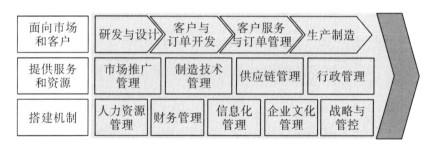

图11-1 某订单生产型企业变革后的价值链

在实际管理工作中，我们梳理绘制的企业价值链其实已经而且应该体现了客户、创造性和关键过程三个评价维度，企业要做的是根据这三个评价维度对价值链环节进行评估，以确定相对重要程度（见表11-1）。评估结果可以作为该价值环节中具体岗位的各部分薪酬占比的参考（各部分薪酬＝该岗位的薪酬总额×该部分的占比），最终，各部分薪资需要根据客户相关绩效的达成情况、创造性成果的完成情况、关键过程事项的完成情况来支付相应的薪资。

表 11-1　某订单生产型企业的价值链评价应用示例

项目		客户 权重（A）：50%		创造 权重：30%		过程 权重：20%		综合得分
		评价小组成员评分均值（10分制）	评分占比	评分小组成员评分均值（10分制）	评分占比	评分小组成员评分均值（10分制）	评分占比	
评分规则		A÷（A+B+C）		B÷（A+B+C）		C÷（A+B+C）		A×50%+B×30%+C×20%
面向市场和客户	研发与订单开发							
	客户与订单开发							
	客户服务与订单管理							
	生产制造							
提供服务和资源	市场推广管理							
	制造技术管理							
	供应链管理							
	行政管理							
搭建机制	人力资源管理							
	财务管理							
	信息化管理							
	企业文化管理							
	战略与管控							

当然，执行薪酬变革必然要考虑企业习惯的阻力和同行业的竞争压力，以及必须遵守相关法规，但并不影响这种与绩效关联的模块化思想的应用。

第二节　采用新的薪酬度量原则

采用新的薪酬度量原则其实是企业新的经营行为的必然结果。薪酬变革方向需要采用新的度量原则：原则一，可以体现对客户价值的管理；原则二，为创造性付钱；原则三，体现对过程的管理。

客户价值管理

如今，围绕客户开展企业经营已经不再是一句空话，特别是借助信息化手段可以更加轻松地衡量客户价值。企业的薪酬必须要体现对客户价值的管理！

如何来衡量对客户价值的管理呢？因为企业中的不同岗位与客户的关联紧密度并不相同，所以可以采用不同的角度来体现：对于前端营销相关的岗位，可以考虑采用客户给企业带来的价值来体现，一般可以通过吸引客户（引流）、获取客户（成交）、客户留存（复购）来衡量；对于产品（或服务）交付的岗位，可以通过对产品的增值程度来衡量，这要求企业先对每个岗位对于产品（或者服务）的增值程度进行内部评估，或者以该岗位需要产出的关键产品（或者服务）成果的改善情况来衡量；对于传统意义上的"职能"岗位，可以考虑用其内部客户的满意度来衡量。

为创造性付钱

创造性是指员工具有的输出独特成果、有价值成果的能力。由于创造性在信息去中心化时代的重要性与日俱增，因此企业应该在创造性上应花费更多的薪酬。

如何衡量各个岗位上的员工的创造性呢？一是工作性质的创造性要求，工作本身对创造性的要求越高，则相对于其他岗位薪酬越高，在本岗位的薪酬构成中的创造性薪酬的占比越高；二是工作具有的财务意义上的成果，能够产出的成果越大，则获得的薪酬越高；三是该员工的学习和成长，如果员工保持学习并取得成长，也将获得一部分的薪酬激励。

衡量关键过程

因为薪酬对绩效实现的引导作用，薪酬应该逐渐从完全倾向财务意义上的成果转到同时重视过程。注意，此处不是要完全否决成果导向，而是要通过明确对关键过程的管理来提高成果达成的可能性。

衡量过程需要通过关键过程因素的结果和流程来实现，可以说，过程依然是可以衡量的"结果"。比如，对于很多 toB 型企业，要想达成销售业绩目标，对客户的拜访频次，以每次拜访客户的质量，比如，是否准确传达公司的最新产品资讯，这些都是关键过程，所以，很有必要通过薪酬与拜访这个过程因素关联起来。又比如，在推行流程式管理来提高经营效率的企业中，我们往往会把关键流程的 KPI（Key Performance Indicator，关键绩效指标）纳入岗位的 KPI 中。

第三节 薪酬变革的切入方式

由于改变传统的薪酬模式必然会面对固有的阻力，因此薪酬变革是企业在当今环境下前行的一个渐进表现。从员工角度来讲，薪酬结构需要体现"保障+希望"："保障"是让员工有安全感，"希望"则是让员工可以看见创造价值将带来自己的收入增长。

要实行薪酬变革，可以通过三种方式切入：①由业务模式的变化倒逼薪酬变革；②从绩效入手衔接战略落地；③通过单独的项目推动变革。

由业务模式的变化倒逼薪酬变革

大的变革契机往往是外部触发的，无论是被动反应还是主动迎接都是如此。这种契机会让企业的业务模式发生巨大变化，业务的变化则会带来薪酬的变化。如某传统零售企业为了应对网络零售的挑战和机遇，将主体业务架构和组织架构分为两大块，一块继续做原来的线下门店零售，另一块则负责会员运营，由"MCN"（网红孵化中心）和"MOC"（会员运营中心）两大部门组成，分别负责公域流量运营和私域流量运营。"MCN"部门主要负责寻找公域流量池和在各个公域流量池提高品牌和产品影响力，"MOC"部门则负责完成公域流量转私域流量以及会员运营。显然，针对"MCN"部门的薪酬应该体现在孵化网红达人和生产内容的数量和质量上，而"MOC"部门的薪酬则要体现客户管理，如不同价值阶段的客户所创造的价值。

从绩效入手衔接战略落地

很多成熟企业更多地采用了优化绩效管理或者绩效考核的方式来支撑战略的落地。近年，国内外很多科技类公司采用了 OKR（Objectives and Key Results，即目标与关键结果法）的绩效管理方法。这个来源于 MBO（Management by Objective，企业目标管理）和 KPI 的 OKR 管理办法认为 MBO 系统需要回答两个问题：

①我想去哪儿？（目标）

②我要如何调整自己的步伐，看看我是否能到达目的地？（关键结果）

OKR 最大的价值是通过管理可以实现目标的关键结果，最终促使目标实现，也就是说通过对关键过程的管理来达成目标。这体现了过程的重要性，一定程度上把绩效考核和战略目标衔接起来了。因此，OKR 本质上是一种战略或者目标落地的追踪管理工具，从战略落地工具这点上来说，和 BSC①（Balanced Score Card，平衡积分卡）有一定相似性，而且 BSC 除了像 OKR 一样提供了一个分析逻辑以外，更是提供了一个目标分解纬度。

因为 BSC 认为传统的绩效考核模式只能衡量过去发生的事项，但无法评估企业前瞻性的驱动因素，由此 BSC 诞生了四项绩效指标：财务（Financial）、客户（Customer）、内部运营（Internal Business Processes）、学习与成长（Learning and Growth）（见图 11-2）。之所以称 BSC 为"平衡积分卡"，是因为该方法寻求多种平衡：财务与非财务的平衡、短期与长期目标的平衡、事后指标与事前指标的平

---

① BSC 是 Robert S. Kaplan 与 David P. Norton 提出的一种绩效考核理论，后来逐渐被应用到战略管理领域。

衡，以及外部绩效与内部绩效之间的平衡。这些平衡被归纳为财务、客户、内部运营（有时候也被翻译成"流程"）、学习与成长四个维度，将组织的战略解构为可操作的衡量指标和目标值。

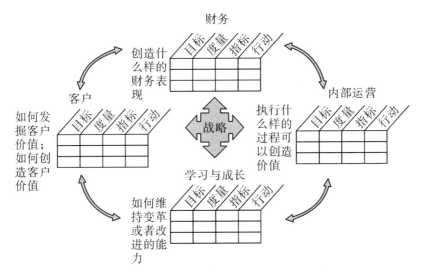

图 11-2　BSC 示意图

通过单独的项目推动变革

以项目的方式推动变革改善绩效有些时候是一种"四两拨千斤"的方式，而且容易避开激烈的薪酬变革带来的冲击。一种方式是贯穿管理始终的常态化管理方式，另一种方式是通过项目管理方式改善企业绩效。

海尔推行并广为人知的 OEC 管理法（overall every control and clear，全方位、每人、每天、每件事、控制、清理）就是一种常态化管理方式，它将公司的工作落实到每个人每一天的每一项工作中，并及时检查调整。OEC 管理法也可理解为：日事日毕，日清日高（即每天的工作每天完成，每天工作要清理并且每天要有所提高）。它搭建的"目标——日清——激励"这个闭环，对于很多企业都是适用的。

而另外一些企业则采用了项目激励的方式来改善企业绩效。比如要求员工每个季度必须完成一定数量的改进项目，可以是管理类项目，也可以是技术类项目，这些项目对公司经营绩效的改善有促进作用，员工也因此会获得一定的奖金激励。

本章精要总结

关键词：岗位价值；绩效；过程；可持续

变革薪酬促绩效！

薪酬是提高企业绩效的一项非常敏感但却有效的工具，要想充分发挥人力资源的效率，企业必须让薪酬和企业绩效关联，而且要让薪酬可以体现价值结果、体现过程要素的掌控程度、体现可持续性行为或者可持续结果。这将带来薪酬结构的重大改变。

企业的薪酬度量也需要采用新的度量原则：原则一，可以体现对客户价值的管理；原则二，为创造性付钱；原则三，体现对过程的管理。

要实行薪酬变革，一般有三种切入方式：①由业务模式的变化倒逼薪酬变革；②从绩效入手衔接战略落地；③通过单独的项目推动变革。

参考文献

TechWeb. 微信小程序 DAU 超 4.5 亿 小程序开发者突破 300 万 [EB/OL].（2020-01-06）. https://baijiahao.baidu.com/s？id＝172118 3339915253654&wfr＝spider&for＝pc.

艾媒数据中心，2021. 2021 中国汉服产业现状及消费行为数据研究报告［R］.

安德森，2006. 长尾理论［M］. 乔江涛，译. 北京：中信出版社.

奥斯特瓦德，皮尼厄，2016. 商业模式新生代［M］. 黄涛，郁婧，译. 北京：机械工业出版社.

波特，2005. 竞争优势［M］. 陈小悦，译. 北京：华夏出版社.

陈立云，金国华，2010. 跟我们做流程管理［M］. 北京：北京大学出版社.

大前研一，2019. 低增长社会［M］. 朱悦玮，译. 北京：北京时代华文书局.

第一财经商业数据中心 X 天猫服饰. 2020 年汉服消费趋势洞察报告［R］. 2021.

观察者网. 中国快时尚巨头 Shein 增速骤减，千亿估值承压［EB/OL］.（2022-05-13）. https://www.guancha.cn/economy/2022_05_13_

639608. shtml.

哈默，2019. 端到端流程：为客户创造真正的价值 [M]. 方也可，译. 北京：机械工业出版社.

界面新闻. SHEIN 取代亚马逊成为美国安装量最大的购物应用程序 [EB/OL]. (2021-05-19). https://www.jiemian.com/article/6117122. html.

界面新闻. 与刘雯合作的 Ubras，也用起了新消费品牌为自己"正名"的老套路 [EB/OL]. (2021-09-16). https://baijiahao.baidu.com/s？id=17110512526286851 77&wfr=spider&for=pc.

经济合作与发展组织，欧盟统计署，2011. 奥斯陆手册 [M]. 高昌林，译. 北京：科学技术文献出版社.

卡普兰，诺顿，2005. 战略地图：化无形资产为有形成果 [M]. 刘俊勇，孙薇，译. 广州：广东经济出版社.

卡普兰，诺顿，2017. 平衡积分卡的制胜方略：战略中心型组织 [M]. 上海博意门咨询有限公司，译. 北京：北京联合出版公司.

科特勒，凯勒，2009. 营销管理 [M]. 王永贵，何佳讯，陈荣，于洪，译. 上海：格致出版社，上海人民出版社.

马丁，2019. 供应链精益六西格玛管理 [M]. 崔庆安，徐春秋，李淑敏，译. 北京：机械工业出版社.

穆尔，1999. 竞争的衰亡：商业生态系统时代的领导与战略 [M]. 梁骏，译. 北京：北京出版社.

商务部，2021. 中国电子商务报告（2020）[R].

泰勒，2014. 科学管理原理 [M]. 朱碧云，译. 北京：北京大学出版社.

托夫勒，2018. 权力的转移 [M]. 黄锦桂，译. 北京：中信出版集团.

网经社电子商务研究中心. 2019 年度中国网络零售市场数据监测报告［R/OL］.（2020-06-05）. http://www.100ec.cn/home/detail--6559821.html.

网易."ChatGPT"会不正常吗？欧盟欲设制度规范其使用［EB/OL］.（2023-02-06）.https://www.163.com/dy/article/HSTIVQTT0514EGPO.html

网易科技. 滴滴宣布重要人物离职，计划 3 年全球月活用户超 8 亿［EB/OL］.（2019-03-25）.https://www.163.com/tech/article/F8I0TG4J000999LD.html.

新浪财经. 斯凯奇中国 CEO：明年将增近千家门店 加速扩张三四线［EB/OL］.（2019-10-21）. https://baijiahao.baidu.com/s? id=1647988268255068809&wfr=spider&for=pc.

闫加伟，2010. 草芥：社会的自组织现象与青年自组织工作［M］. 上海：上海三联书店.

央视网. 人口老龄化加速应"尽快放开三孩"？人口学专家解读［EB/OL］.（2020-10-27）. https://news.cctv.com/2020/10/27/ARTISkkagzyUAUcQERgIHZIQ201027.shtml.

亿邦动力网. 内衣品牌 Ubras 完成 5000 万元 A 轮融资［EB/OL］.（2018-08-12）. https://www.ebrun.com/ebrungo/zb/293358.shtml

中国互联网协会社交电商工作组 & 创奇社交电商研究中心，2021. 2021 中国社交电商行业发展报告：重点企业研究报告 ［R］.

后 记

　　企业当下以及今后较长时间需要面临新的经营环境，由此，企业需要重建企业价值，并着手实施变革，本书也给出了一些可行的实施路径。虽然书中的一些思路、方法还没有在企业中完整实践过，但我还是斗胆写出来了，并期望引发更多企业经营者的思考和实践。

　　书中涉及很多公司或者品牌的案例，如新浪微博、抖音、喜茶、阿里巴巴、泡泡玛特、ZARA、微信、拼多多、康师傅、华为、朵唯、ofo、逸仙电商、Ubras、调色师、KK 集团、特步、大润发、唯品会、亚马逊、通用汽车、上汽集团、蔚来、比亚迪、SHEIN、子不语、AST、UT 斯达康、斯凯奇、西南航空、春秋航空、百丽、Coach、罗辑思维、申洲国际、链家、滴滴、戴尔、海澜之家、苹果公司、喜利得、IBM、Costco、利丰、海尔集团、兰登书屋、小米、特斯拉、OPPO、Uber、宝岛眼镜、lululemon、喜茶等，也有很多案例出于各种原因没有列出名字。无论成败，这些公司和品牌的实践值得企业经营者尊敬，同时也感谢这些公司和品牌带给我的一些思考。

　　本书不是经济学或者管理学的理论著作，仅仅展现了我的一些观点。这些观点是同时吸纳了众多人的看法以及本人经过实践和思索形成的，其中必有很多不足之处，欢迎读者批评指正。

　　本书之所以能够成型，要感谢我的老师——金铭惠、邢玉娟、张戟、叶茂中，他们在不同时期帮助我成长；也要感谢那些曾经和我共同奋斗过的同事和伙伴——单伟国、姚杏菊、王宇珺、方勇、丁士安、许芳、徐明涨、王冠、李娜、吕荣辉、刘恒志、宋柯；还有曾经遇见的非常多的优秀的人，他们都带给我很多宝贵的经历。

　　本书在新冠病毒感染疫情之前就已经大体完成，为最终出版，后面做了一些修改，在出版过程中要特别感谢专业、细致的编辑何春梅和周晓琬，她们给了我很多宝贵意见。另外也要感谢刘祖轲老师的支持和老吴（吴浴阳）的鼓励。

　　最后要感谢家人的支持和陪伴！

谢传明

2023 年 3 月 11 日于上海